INFO3 VERLAG

Michael Bockemühl

KUNST SEHEN

BAND 12

Nach einer öffentlichen Vorlesung zu
Mark Rothko, Barnett Newman, Ad Reinhardt
vom 4. Mai 1993 im Saalbau Witten

David Hornemann v. Laer, Paul Schönenberg (Hg.)

Michael Bockemühl

KUNST SEHEN

MARK ROTHKO, BARNETT NEWMAN, AD REINHARDT

INHALT

AUFTAKT

DAS SEHEN SEHEN

Unser Wahrnehmungsvermögen eröffnet uns die Möglichkeit, die Welt mit den Sinnen *unmittelbar* zu erfassen. Dabei kommt schon in den mannigfaltigen Ausdrücken, welche die deutsche Sprache allein für den Sehsinn bereithält, eine große Vielfalt zum Vorschein. So sprechen wir nicht nur von: äugen, beobachten, besichtigen, erblicken, erspähen, fokussieren, gaffen, gewahren, glotzen, gucken, linsen, lugen, peilen, registrieren, schauen, schielen, sehen, sichten, spähen, starren, stieren, wahrnehmen. Wir werden von einer Sache auch jeweils ganz andere Aspekte erfassen können, je nachdem, ob wir sie anstarren oder mit ihr liebäugeln, sie überfliegen oder sorgfältig betrachten. Auch ist es ein tiefgreifender Unterschied, ob wir einen Menschen nur kurz und flüchtig ansehen, tiefe Blicke mit ihm austauschen oder Beobachtungen in verschiedenen Lebenslagen von ihm anstellen können. Der gleiche Mensch wird uns jeweils in ganz anderem Licht erscheinen. Umgekehrt werden wir selbst unter dem Einfluss unterschiedlicher Blickqualitäten andere Facetten unseres Wesens zum Ausdruck bringen können, wenn wir zum Beispiel kritisch beäugt, wohlwollend angeschaut oder wütend angestarrt werden. Kurz, die Beschaffenheit des Blickes ist nicht unerheblich für unser Verhältnis zur Welt.

Was aber geschieht, wenn wir etwas in Augenschein nehmen? Welcher Vorgang spielt sich da ab? Können wir auf der Klaviatur unterschiedlicher Blickqualitäten spielen lernen?

Um das herauszufinden, macht es wenig Sinn, sich die unterschiedlichen Aktivitäten im Gehirn anzuschauen, die sich während des Sehvorgangs dort abspielen. Vielmehr hängt das Ergebnis einer solchen Untersuchung selbst von der qualitativen Beschaffenheit unseres Blicks und von dessen Unvoreingenommenheit ab.

Es gibt nur eine Möglichkeit, diesem Geheimnis näher zu rücken: Wir müssen den Sehsinn auf sich selbst wenden, das Sehen auf das Sehen richten.

„Das Rätsel liegt darin, dass mein Körper zugleich sehend und sichtbar ist. Er, der alle Dinge betrachtet, kann sich zugleich auch selber betrachten und in dem, was er gerade sieht, die andere Seite seines Sehvermögens erkennen.“ [1]

Maurice Merleau-Ponty

Die Werke der in dem vorliegenden Band versammelten Künstler fordern dies auf eine besondere Weise heraus. Sie geben der Beziehung zwischen Werk und Betrachter einen neuen Rahmen. Anstelle der Fokussierung auf ein – gerahmtes – Bild gestaltet sich aufgrund der Dimensionen der Werke das Sehen als ein Eintauchen in Farbe. Das steigert die Aufmerksamkeit für die eigene körperlich-sinnliche Anwesenheit als Sehende. Zugleich wird die Trennung zwischen Bild und Betrachtenden, zwischen Subjekt und Objekt entgrenzt und aufgehoben. Zur Voraussetzung hat diese Erforschung des eigenen Sehens nur, dass wir bereit sind, uns den unmittelbaren Eindrücken hinzugeben, die uns die Gemälde anbieten: „Denn die Wahrnehmung bemerkt noch mehr als das Ding an der Wand. Sie bemerkt mit dem Prozess, der im Wahrnehmen entsteht, auch diesen Prozess selbst. Das Anschauen fängt an, seiner selbst gewahr zu werden“ (S. 34). Damit verschiebt sich der Fokus von KUNST SEHEN hin zu einer vieldimensionalen Offenheit in Bezug auf die Frage nach dem Sein von Werk und Schauenden.

In den mit der Reihe KUNST SEHEN publizierten öffentlichen Vorlesungen Bockemühls werden wir zu Experimenten und Sehübungen eingeladen und lernen, an eigene Erfahrungen unmittelbar anzuknüpfen. Das löste schon damals Begeisterung aus, wie einem Fernsehbericht über die „sensationelle Veranstaltung“ zu entnehmen ist: „So wenig Notizen, so viel Begeisterung für die Art der Vorlesung. Kunstgeschichte als Happening – gibt's noch 'ne Steigerung?“[2]

Auf meine Frage nach der Relevanz dieser Vorlesungen für unser heutiges Leben lautete eine Rückmeldung seitens der Studierenden: „Wir haben verlernt, wirklich zu sehen. Unser Blick für die Schönheit und Natürlichkeit der Welt ist durch unseren Lebensstil und die Gesellschaft getrübt. Michael Bockemühl zeigt uns anhand von Kunstwerken, wie wir unseren Blick dafür wieder öffnen können.“[3] Auch mir erscheint die Entfaltung der Sinneswahrnehmung eine der wichtigsten Zeitforderungen zu sein, insofern sie uns zu einer selbstständigen, auf eigenen Eindrücken fußenden Urteilsbildung verhilft.

So entschlossen wir uns im Seminar, diesen Vortragszyklus, den Bockemühl als sein Hauptwerk bezeichnete[4], gemeinsam der Öffentlichkeit zugänglich zu machen und die in freier Rede gehaltenen Vorlesungen behutsam zu überarbeiten. Dabei ging es uns nicht nur um die Herstellung eines authentischen und gut lesbaren Textes, sondern vor allem darum, die Experimente und Sehanregungen so an die Bilder anzuschließen, dass sie von den Leserinnen und Lesern direkt erprobt werden können – gemäß Bockemühls Credo: „Der Künstler ermöglicht, was der Anschauende verwirklicht.“[5]

Bei der neuen Zusammenführung der Bilder und Texte wurde bald offensichtlich: Der aktive Wahrnehmungsvollzug kann zu einem „Fest für die Augen“ werden: Der Blick beginnt sich zu verändern. Er wird beweglicher, freier und selbst die scheinbar bekanntesten Kunstwerke erscheinen überraschend lebendig und neu. An die Stelle abschließender Interpretation tritt das aktive Sehen als offener Prozess.

Bockemühl verzichtet in den Vorlesungen auf die Vermittlung kunsthistorischen Wissens und macht uns auch nicht näher mit den biografischen und gesellschaftlichen Hintergründen der Künstler bekannt. Das ist bestens erforscht und beschrieben und würde die Herausgabe einer weiteren Buchreihe nicht rechtfertigen. Neu und bis heute fast unbekannt ist hingegen der Zugang, den der passionierte Wahrnehmungsforscher hier eröffnet: Wir werden als Leserinnen und Leser auf eine Forschungsreise mitgenommen, die zum selbstständigen Sehen führt. Mehr noch, wir werden zu einem vorurteilsfreien Wahrnehmen angespornt, das uns nicht nur die Gegebenheiten dieser Welt mit neuen Augen erfahren lässt, sondern auch einen Weg aufzeigt, das eigene Sehen sehen zu lernen.

David Hornemann v. Laer
Witten im Februar 2021

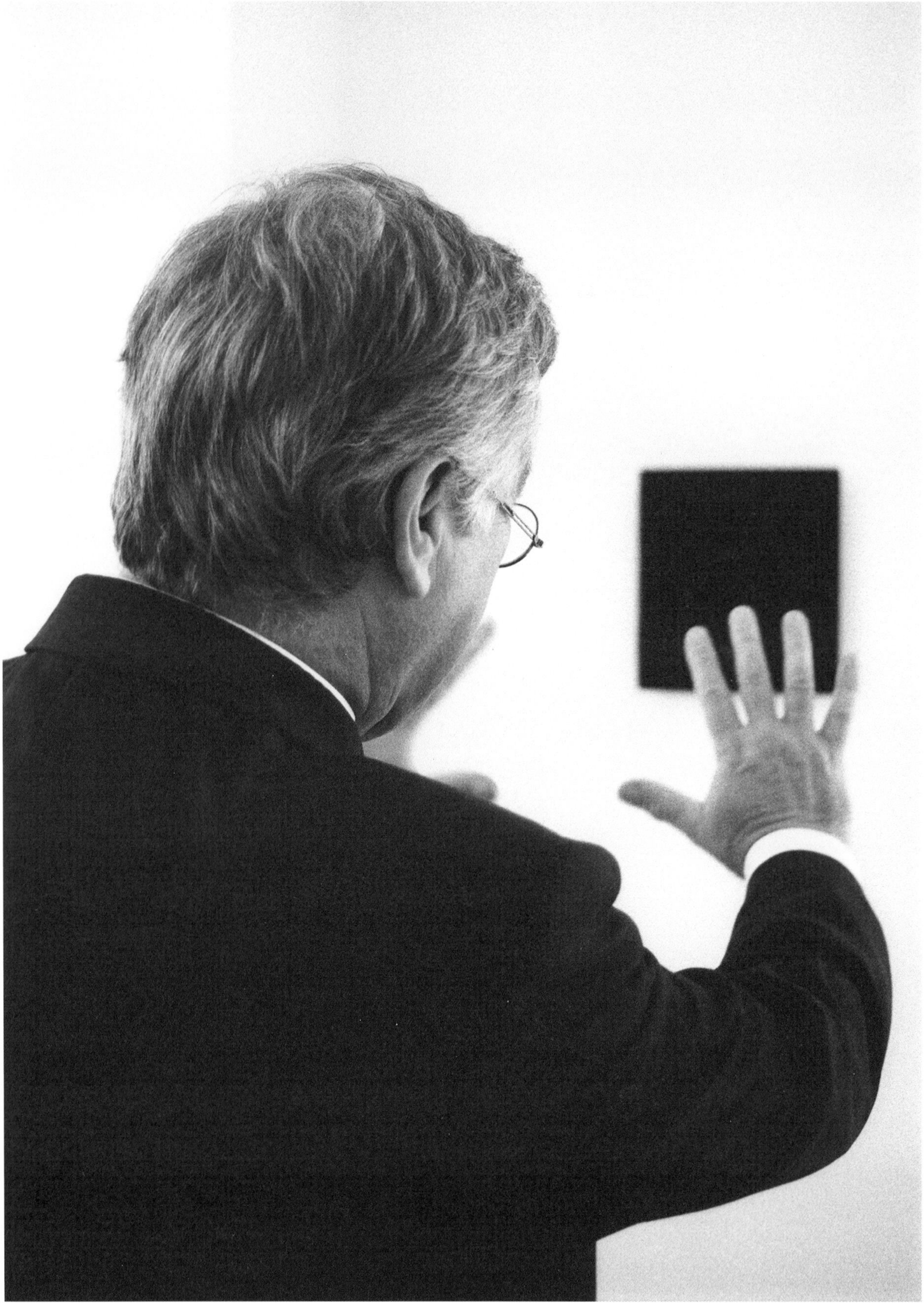

VORLESUNG:
DAS ICH UND DIE FARBE

„WHAT DO YOU REPRESENT?"

Meine Damen und Herren,

ich möchte heute gleich mit der Betrachtung beginnen. Sie sehen hier ist eine Zeichnung mit Worten versehen (Abb. 2). Sie stammt von Ad Reinhardt. Wir sehen links ein abstraktes Bild angedeutet und dazu die passende Frage: „Ha, ha, what does this represent?", zu Deutsch also: „Was stellt das dar, was bedeutet das?" Darunter antwortet das Bild dem Kunstbetrachter mit der Frage: „What do you represent?", „Was stellen Sie dar? Was vertreten Sie?"

Damit ist auf den Punkt gebracht, was wir heute als Problem behandeln wollen, nämlich eine Kunstform, die in ihrer Konsequenz die größte Herausforderung für die Kunstbetrachtung – und uns selbst – bedeutet. Eine Herausforderung, die ganz entschieden dadurch geprägt ist, dass sie sich vollkommen vom Abbild löst und in eine ganz neue Qualität des Bildseins einführt.

Nun ist bei diesem Beispiel ja immerhin noch etwas dargestellt, das sich fassen lässt, doch handelt es sich dabei um eine Karikatur des Verhaltens

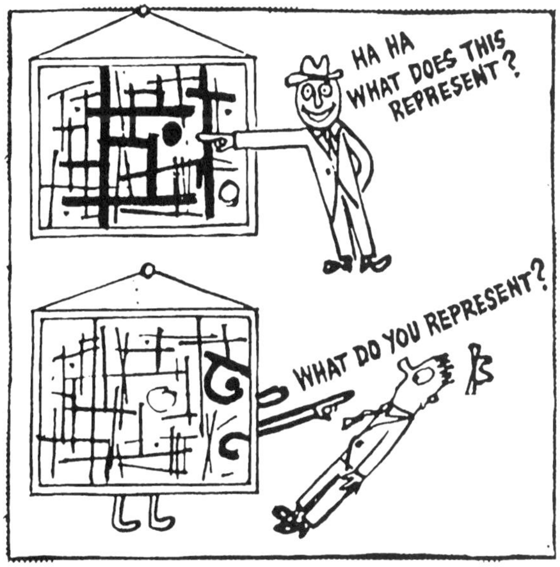

gegenüber einer Kunst, die nun selber nichts mehr zeigt. Und so möchte ich heute mit Ihnen auf eben jene Bildformen zu sprechen kommen, die sich im *Abstrakten Expressionismus* beziehungsweise in der *Konkreten Kunst*[6], wie man eigentlich heute sagen müsste, den Betrachtenden gegenüberstellen. Es handelt sich um eine Herausforderung, insofern

1 | Michael Bockemühl bei der Betrachtung eines Bildes von Günter Umberg, 2003

2 | Ad Reinhardt, **How to Look at Modern Art**, 1946 (Ausschnitt)

durch die Betrachtung dieser Bilder zugleich auch die Grundlagen unseres gegenwärtigen Bewusstseins berührt, tangiert und infrage gestellt werden.

Es gibt viele Wege, sich dieser Kunst zu nähern. Ich nehme mir das Recht heraus, es einseitig und auf meine Art zu tun, denn es gibt keine von der Kunst vorgeschriebenen Normen, es gibt nur die Möglichkeit, sich damit auseinanderzusetzen.

Ein Gutteil unserer Bemühungen besteht darin, uns gegenseitig zu ermuntern, mit dem Kunstwerk umzugehen. Mein Versuch ist, den Weg über die Anschauung zu nehmen, also über das Sehen Erfahrungen zu machen und an diesen anschaulichen Erfahrungen das eine oder andere als eine Bilde-Tendenz zu beobachten und bewusst zu machen.

Wir hatten in der letzten Vorlesung auf Henry Matisses Aussage: „Man muss zeitlebens so sehen können, wie man als Kind die Welt ansah"[7] hingewiesen. Das Problem ist, dass wir in einer kunsthistorischen Zeit leben, in der scheinbar alle Kindlichkeit aufgehoben ist. Wir sind keine Kinder mehr und können es in dem schlichten Sinne auch nicht mehr werden, denn dann würden wir kindisch. Was aber an kindlicher Qualität vielleicht doch noch zu fassen ist, ist etwas ganz Neues: nämlich sich vollkommen und grenzenlos hinzugeben an eine bestimmte Wahrnehmung, so wie das Kind sich unwillkürlich und grenzenlos mit seinen Sinnen an die Welt hingibt.

Als wir uns in der vorangegangenen Vorlesung mit Dalí und dem Surrealismus befasst haben, ging es immer noch um eine Art Bildform, die – auch wenn sie visionär nicht Abbild unserer gegenständlichen Umwelt allein ist – doch eben den Charakter der Abbildlichkeit in sich trägt. War es bei Dalís Gemälden so, dass sich der eigentliche Wahrnehmungsvorgang zwischen den verschiedenen Abbildern, zwischen den verschiedenen Deutungsversionen als Prozess abspielte, haben wir uns heute radikal damit auseinanderzusetzen, dass wir Bilder vor uns haben, die nicht Bild von etwas sind, sondern ausschließlich in der Wirkungsmacht ihrer Farbe existieren.

Eine Einschränkung muss ich machen, nämlich die, dass die Reproduktionen die oft riesigen Dimensionen der Gemälde nicht wiedergeben können. Es geht beim Betrachten der Originale darum, so einzutauchen in die Farbe, dass die Grenzen des Tableaus nicht mehr wahrzunehmen sind. Wir sehen dann das Bild nicht als Ausschnitt einer irgendwie gearteten Wirklichkeit, sondern die Farbe beginnt sich in ihrer Wirklichkeit zu entfalten. Wir wollen dennoch versuchen, anhand der Bilder, die wir uns gemeinsam anschauen werden, anschauliche Erfahrungen zu sammeln. Dabei kommt es darauf an, dass Sie selbst sehen, wie sie sind. Das ist natürlich am besten vor den Originalen im Museum möglich. Ich kann Ihnen daher nur empfehlen, die Anschauungs- und Überlegungsanregungen, die Sie hier vielleicht erfahren, dann tatsächlich am Original einzulösen.

Ich möchte beginnen mit dem Maler Mark Rothko, einem amerikanischen Maler des *Abstrakten Expressionismus* und Wegbereiter der Farbfeldmalerei, der noch die Tradition des Surrealismus aufgegriffen hat. Anschließend werden wir uns drei Werke von Barnett Newman anschauen und uns in einem dritten Anlauf dem Abstrakten Expressionisten Ad Reinhardt und seiner Kunst zuwenden.

3 I Mark Rothko, um 1960

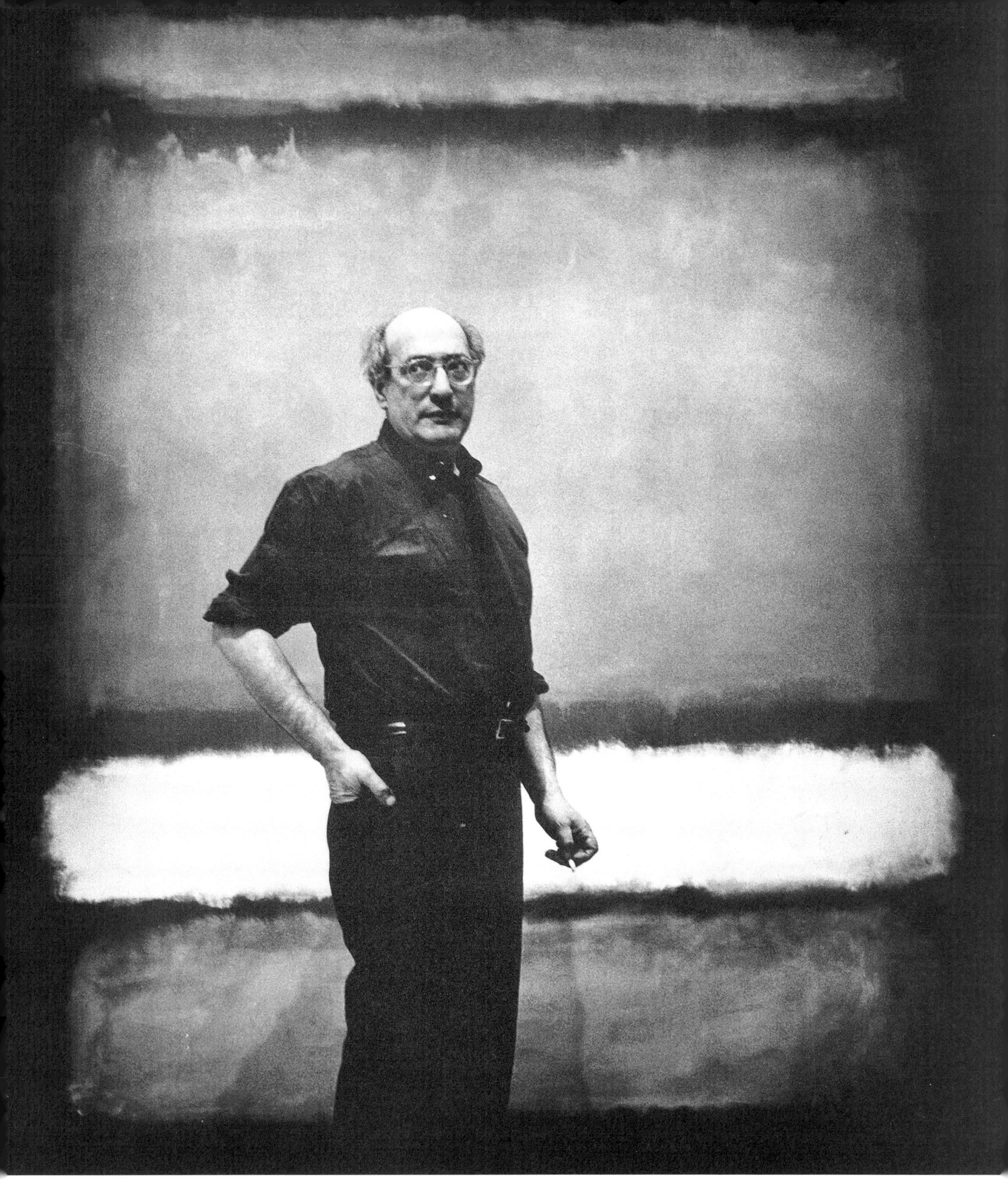

MARK ROTHKO

„Ein Bild lebt von Kameradschaft, erweitert und beschleunigt sich in den Augen des sensiblen Betrachters. Es stirbt aus dem gleichen Grund. Es ist daher eine riskante und gefühllose Handlung, es in die Welt hinauszuschicken.“[8]

Mark Rothko

4 | Mark Rothko, **Selbstbildnis**, 1936

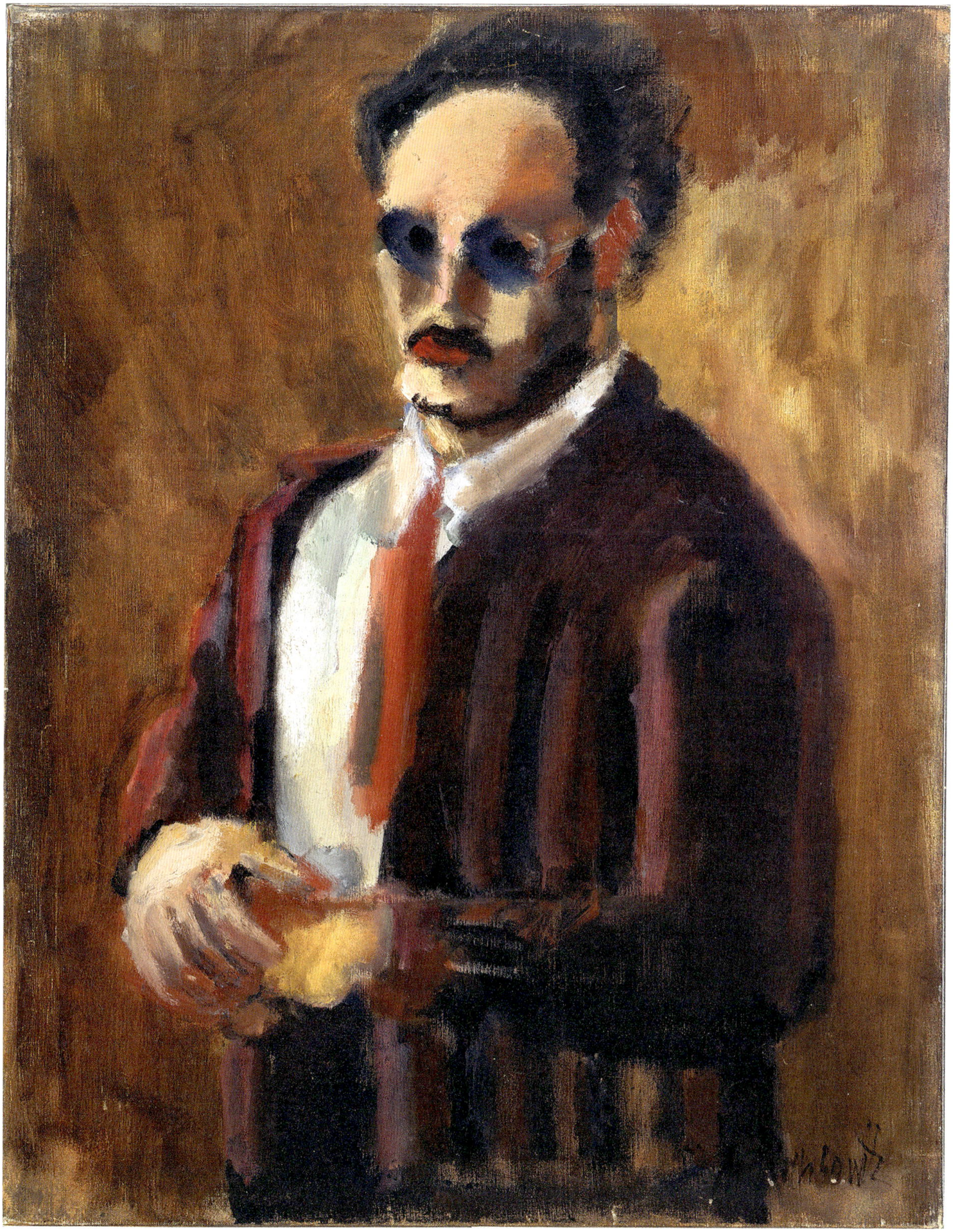

Ich möchte Ihnen eine gewisse Zeit geben, bevor ich selbst vielleicht die eine oder andere Beobachtung dazu anstelle. Ich lasse Ihnen also einige Minuten, um dieses Gebilde einmal so anzusehen, wie es Ihnen nun schlecht und recht vor Augen steht.

5 | Mark Rothko, **Untitled (Red, Orange)**, 1968

Vielleicht bemerken Sie, dass dieses Gemälde relativ schlicht gehalten ist, was die gegenständliche Präsentation betrifft. Des Weiteren ist aber durchaus die eine oder andere formale Beobachtung zu machen, und so möchte ich Sie einfach fragen: Erkennen Sie irgendeine Form?

„Quadrat und Rechteck", sagen Sie. Ja, das ist sehr heilsam, sich das klarzumachen. Zudem haben Sie mir den Gefallen getan, das prompt falsch zu sagen. Doch inwiefern ist es falsch und inwiefern ist es richtig? Wenn ich von einem Quadrat oder einem Rechteck spreche, dann handelt es sich ganz gewiss um eine Übertreibung, denn von einem Quadrat zu wissen, ist das eine, das Quadrat hier zu sehen, ist das andere.

Was aber regt uns dazu an, hier überhaupt von einem Quadrat und von einem Rechteck zu sprechen? „Die Umrisse." Ja, und genau die sind das Problem! Denn was ist mit den Umrissen? Wie lassen sie sich fassen? Oder anders gefragt: Was berechtigt uns dazu, zu dem oberen Gebilde „Quadrat" und zu dem unteren Gebilde „Rechteck" zu sagen?

„Es sind zwei verschiedene Farben. Dadurch unterscheiden sie sich." Das haben Sie vollkommen richtig beobachtet. Was passiert aber, wenn wir nur auf die Form schauen? Wo fängt zum Beispiel das Quadrat an, wenn ich mich mit dem Blick von außen nähere? An welcher Stelle sind wir innerhalb des Quadrats, ab wo außerhalb? Bemerken Sie, dass die Grenze nicht klar ist? Und trotzdem kann sie mit einem ersten Blick sofort als Grenze angesprochen werden. Bloß wenn man sie verorten will, wenn man sozusagen den anschaulichen Beleg für eine so klare begriffliche Bestimmung wie den geometrischen Ort einer Linie, einer Grenze, angibt, wenn man das so fest bestimmen will, dann wird gerade das, was hier im ersten Zuspruch so sicher ist, durchaus unsicher. Erst recht gilt das für das untere Gebilde, das Sie als Rechteck angesprochen haben. Sobald Sie die erste Sicherheit einer Deutung haben und genauer hinschauen, so löst sich diese Sicherheit wieder auf.

Wir schießen mit dem ersten Begriff über das Ziel hinaus. Doch wie sollen wir es anders machen? Wir können gar nicht anders, wenn wir darüber sprechen und uns verständigen wollen, als über ein Quadrat und ein Rechteck zu sprechen. Und warum sollen wir es denn überhaupt so genau nehmen? Es ist doch sowieso nur Kunst und das könnten wir dann ja auch künstlerische Freiheit nennen.

Es ist immerhin zu bemerken, dass da eine Differenz besteht zwischen dem ersten begrifflichen Zuspruch, der spontan auftreten kann, und dem, was sich anschaulich gibt. Nur bei Leuten, die sich beim Anschauen aller Begriffe enthalten können, würde diese Differenz nicht auftauchen. Aber gewöhnlich haben wir sogleich den Begriff parat und sehen dann Quadrate und Rechtecke, wo keine sind. Wir können also feststellen, dass die begriffliche Deutung nicht selten das Ziel verfehlt.

Nun könnten Sie einwenden, dass das ja gar nicht so wesentlich ist. Aber es ist doch, wie wir sehen werden, nicht so ganz unwesentlich.

Was würden Sie sagen: Wie viele Flächen sind auf diesem Gebilde zu sehen? „Eine." Wer bietet mehr? „Drei". Das ist schon mal ganz spannend. Eine Fläche kann ja nur richtig sein, denn was konkret gegeben ist, ist eben eine Fläche. Inwiefern kann hier aber auch von drei Flächen gesprochen werden? „Durch die Farbunterschiede." Dann hätten wir oben eine mehr blauhaltige, karminrote Fläche, die sich dem Quadrat annähert, und darunter eine gelbhaltige, zinnoberrote Fläche, die sich einem liegenden Rechteck annähert. Schließlich können wir auch den Rahmen um die genannten Flächengebilde als eine weitere Fläche beschreiben, vor der die beiden anderen Flächen zu schweben scheinen.

6 I Mark Rothko, **Untitled (Red, Orange)**, 1968, Installationsansicht „Stilles Sehen – Bilder der Ruhe", Fondation Beyeler, Riehen/Basel, 2020

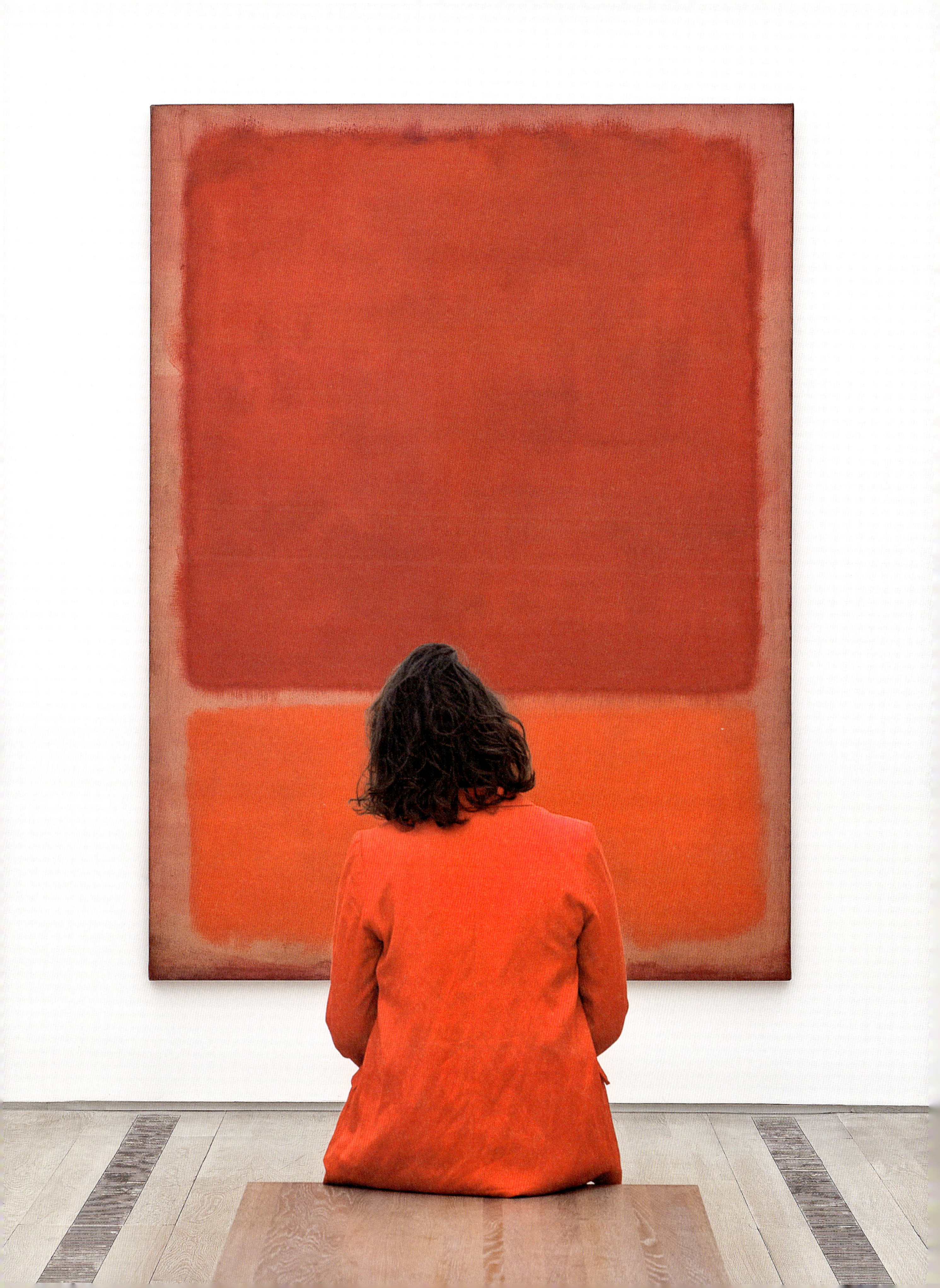

„Wenn sich das Wahrnehmen selber mit wahrnimmt als Gegenstand der Sache, dann verschmelzen Subjekt und Objekt, dann geht das Gegenüber verloren."

Was passiert, wenn Sie den hellen Rand anschauen und eine Zeit lang so darüber träumen? „Der Rand erscheint wie ein Fensterrahmen, durch den man hindurchblickt in einen farbigen, wie von Rauch erfüllten Hinterraum." Können Sie das nachempfinden? Bemerken Sie, dass sich diese Vorstellung nicht stabilisieren lässt? Dass die Vorstellung eines Fensterrahmens jene andere Vorstellung, dass hinter den beiden Rotflächen eine durchgängige Grundfläche vorhanden ist, ausschließt?

Wie sollen wir jetzt also entscheiden? Was zunächst eindeutig und unverrückbar erscheint, wenn wir sozusagen auf die materielle Gegebenheit blicken, dass wir es hier nämlich mit einem Quadrat und einem Rechteck zu tun haben, wird zunehmend fraglicher, je länger wir hinschauen.

Wir konnten schon jetzt bemerken, dass die verschiedenen Deutungsformen einander jeweils ausschließen: Entweder wir haben es mit einer durchgehenden Hintergrundfläche zu tun, die nur an den Seiten hervortritt, oder mit einer helleren Farbe, die die beiden intensiver gefärbten Rottöne umspielt und in der gleichen Ebene mit ihnen liegt. Oder wir sehen die Hintergrundfarbe als eine Art Fensterrahmen an, der ein größeres und ein kleineres Fenster umrahmt, durch den wir Einblicke in eine Art Raum erlangen.

Wir können in ganz leiser Form die Tendenz beobachten, dass sich verschiedene Deutungen der Flächenordnung im Hinblick auf die Raumverhältnisse gleichzeitig geltend machen und gleichberechtigt nebeneinander auftreten. Jetzt wäre natürlich sehr viel Zeit nötig – und diese Bilder benötigen viel Zeit zur Erfahrung ihrer Wirklichkeit –, um zu beobachten, wie der eine Eindruck in den anderen unweigerlich übergeht. Je länger Sie dabeibleiben, je länger Sie darauf schauen, desto mehr lösen sich die festen Einzelvorstellungen auf und Sie werden bemerken, wie die Wahrnehmung und Deutung von einem Aspekt in den anderen hinüberpulsieren kann.

Lassen Sie Ihre Augen noch einmal auf den beiden Farbfeldern ruhen und beobachten Sie, was passiert.

„Ich sehe die Farben wie vor der Bildfläche schweben." „Bei mir löst sich die Grundfläche, von der Sie sagten, sie trage diese beiden Rechtecke, immer mehr auf, und ich habe den Eindruck, als ob dieses Orangerot, Zinnoberrot plötzlich wie ein Nebel ist, der sich aus dem Bild wie herauswölbt." „Bei mir hat die rote, quadratartige Fläche eine Wirkung entfaltet. Es war, als ob ich immer tiefer in sie hineinblicken könnte." „Bei mir trat die karminrote Fläche wie ein Kissen nach vorne, während das Zinnober zurückwich."

Welcher der von Ihnen geschilderten Eindrücke gilt denn jetzt? Das Entscheidende ist, dass es unentschieden bleibt, denn alles hat die gleiche Gültigkeit. Was nun aber wichtig zu beobachten sein wird, ist, wie der eine Aspekt in den anderen übergehen kann. Und deswegen möchte ich Sie zu einem kleinen Versuch ermutigen.

„Das Entscheidende ist,
dass es unentschieden bleibt,
denn alles hat die gleiche Gültigkeit."

Wären Sie vielleicht so freundlich und würden Ihren Blick zwischen die beiden Farbflächen lenken und dort in der Mitte mit unbewegtem Auge für zehn bis zwanzig Sekunden verweilen? Können Sie etwas beobachten?

„Die Farben fassen sich an, es wird eine Farbe." Welche? Die untere oder die obere? „Die untere." „Bei mir ist es die obere Farbe, welche die untere vereinnahmt."

Wie kann das sein? Es sind doch ganz entschieden zwei verschiedenfarbige Flächen! Sie schildern eine Angleichung und sprechen davon, dass die Farben sich anfassen und sich mal die untere, mal die obere Farbe geltend macht. Wird die jeweilige Farbe dabei heller oder dunkler? „Sie wird heller." „Bei mir wird die Farbe dunkler." Die einen sagen heller, die anderen sagen dunkler. Und was passiert mit den Rändern: Bleiben die, wie sie sind? „An den Rändern werden die Farben sehr aktiv, da fängt etwas an sich zu bewegen."

Versuchen Sie nun mal, in dem unteren Feld in die Mitte zu gucken und dieselbe aktive Döserei nochmal vorzunehmen. Beobachten Sie, wie sich das verhält: Bleibt es gleich, oder wird es kleiner oder größer?

„Der Rand drängt sich nach oben, es wird größer, es wird dunkler." „Es ist faszinierend zu bemerken, dass dieses Bild nicht bleibt, was es ist, wenn man es länger anschaut, trotzdem es ja immer noch dasselbe ist." Und was macht die obere Fläche mit ihrer Ausdehnung? „Sie wird größer, sie wird tiefer."

Sie bemerken dieses Größerwerden als eine ganz selbstverständliche Sache. Trotzdem ist es ja höchst erstaunlich, dass der Eindruck entsteht, es weite sich etwas aus und ziehe sich etwas zusammen. Hinzu kommt, dass beide Impulse nach längerer Betrachtungszeit auch gleichzeitig auftreten können. Das ist nun vollkommen widersprüchlich, denn eine Sache kann nicht gleichzeitig kleiner und größer werden. Trotzdem treten solche Eindrücke auf und es er-

scheint das Bild in ständiger Bewegung, in ständiger Umdeutung.

Je länger wir uns dieses Bild anschauen und auf uns wirken lassen, desto weniger wird es faktisch, desto mehr verwandelt es sich vor dem Auge: Es wird durch und durch von Zinnober durchglüht und beide Flächen können plötzlich wie in einem karminartigen Ton erscheinen. Das wird nur völlig absurd, wenn Sie nur kurz wegblicken und dann wieder hingucken – denn dann ist der Prozess unterbrochen und Sie stehen wieder an einem Anfang.

Das, was ich materiell vor Augen habe, ist wie eine ständige Initialzündung. Es ist immer nur ein Ausgangszustand, von dem aus sich nach und nach immer wieder etwas bildet, umbildet und entbildet. Wir können hier also nicht von einer eindeutigen Struktur sprechen.

Unsere allererste Überlegung, dass wir dazu neigen, mit dem Begriff über das Ziel hinauszuschießen, dass die Definition „Rechteck“ deutlicher ist als das, was das Auge angeboten bekommt, die Unschärfe, in der wir sozusagen das Rechteck als Form aus geraden Linien unterbringen konnten – eine solch unscharfe Grenze wird hier plötzlich zur Chance. Denn je mehr wir uns dem unmittelbaren Eindruck, also auch dem Gegenbild, das im Auge entsteht, hingeben, desto mehr können wir bemerken, wie sich der Eindruck ständig zu verändern anfängt. Ich spreche ganz bewusst von einer ständig anfangenden Veränderung, weil es zu keinem Ende kommt. Es hat diese Veränderung kein Telos, keine bestimmte Reihenfolge. Das Gemälde von Rothko wandelt sich ohne bestimmtes Ziel. Und wenn wir in diesen Vorgang immer tiefer eintauchen, dann entsteht immer mehr die Frage, was wir hier eigentlich vor uns haben.

Wir können uns das verdeutlichen an einer ganz simplen Frage, und die simple Frage bestünde darin: An welcher Stelle ist das Rot so zu sehen, wie das maßgebliche Rot der oberen Fläche rot ist? Anders gefragt: Können Sie die Stelle zeigen, wo zufällig gerade das maßgebliche Rot für diese Fläche direkt sichtbar ist? Können Sie da eine Stelle anpeilen?

Ich würde am liebsten jemandem ein Stöckchen in die Hand geben, damit er oder sie mir die Stelle zeigt, wo das maßgebliche Rot zu sehen ist. Mit dem Stöckchen wird die Absurdität dieser Frage erst recht deutlich. Denn wenn Sie nun versuchen, eine Stelle herauszunehmen, werden Sie feststellen, dass diese obere Fläche nicht einfarbig ist, sondern an der einen Stelle etwas dunkler, an der anderen etwas heller. An einer Stelle erscheint sie wolkig, an anderer mehrschichtig und innerhalb eines Tones mehrfarbig und so weiter. Wer also gibt uns das Recht, von einer bestimmten Farbe, von diesem Karminrot zu sprechen? Oder ist es ein anderes Rot? Auch wenn es in der Dauer der Anschauung plötzlich ganz anders erscheinen kann, so wird es doch in einer schnellen Blickbewegung wieder zu einem ganz und gar anderen Rot. Also auch hier wieder die Frage: Welches Rot gilt denn? Was zeigt dieses Rot?

Wenn Sie zum Beispiel an den oberen Rand blicken: Ist das ein verschattetes Rot? Ist das dasselbe Rot, bloß ein bisschen dunkler? Oder ist es ein anderes Rot? Müsste ich für die vielen verschiedenen Farbtönungen immer wieder ein anderes Rot benennen, oder ist es dasselbe Rot unter verschiedenen Erscheinungsbedingungen? Sie sagen: „Verschiedene Intensitäten desselben Rots.“ So stimmt man sich irgendwie ein, aber jetzt entsteht folgendes Problem: Ich kann doch von dem Rot nur etwas sagen dadurch, dass ich das Rot sehe. Wenn ich diese Logik gelten lasse, wäre die Folge davon, dass das Rot immer so erscheint, wie es aussieht.

Also es gibt nicht das Rot und ein eigentliches Rot, sondern die Farbe, die erscheint, sieht immer so aus, wie sie aussieht, und wenn sich das Aussehen ändert, ist es eine andere Farbe. Dennoch haben Sie den Eindruck, dass hier ein Generalton Karminrot in verschiedenen Helligkeitsstufen begegnet.

Wir sehen also, dass das Rot immer nur als *dieses* Rot in Erscheinung tritt und – das ist das Seltsame – es kann gar nicht anders erscheinen, als es aussieht. Die Farbe sieht eben aus, wie sie aussieht. Das ist typisch Farbe. Das ist ihre Wirklichkeit, sie kann gar nicht anders. Ein Rot kann nicht so tun, als wäre es grün. Es kann sich nicht tarnen.

Sie sagen: „Wenn es grün aussieht, ist es dasselbe in Grün." Das gilt aber nur für die Gegenstände. Von der Farbe können Sie nicht sagen, das ist dasselbe in Grün, denn dann ist es grün. Und so gilt es auch für die verschiedenen Stufen innerhalb einer Farbe. Sie können nur so aussehen, wie sie aussehen, und zugleich – obwohl das alles anders aussieht –, kann ich doch Vermutungen haben, dass es sich um einen Rotton handelt, der sich nun in verschiedenen Weisen offenbart. Wir müssen mit diesem Widerspruch zunächst leben, denn die Frage ist ja, wo fängt dieses mehr pinkfarbene, mehr braune, helle, weißlich braune Rot an? Wo geht das in das Dunkelkarmin über? Was ist an den Grenzen: Wie wechseln sich dort die Rottöne ab?

Wir können den Farbton nicht einfach fassen, denn wenn wir eine Zeit lang darauf schauen, so kann plötzlich der eine Farbton im anderen erscheinen und das Ganze zinnoberartig oder dunkelkarminartig wirken. So müssen wir uns auch hier fragen, was denn nun der Fall ist, was denn hier eigentlich zu sehen ist. Denn wenn sich das vor dem Auge so vollkommen wandelt, dann geht auch die Farbbestimmung Karminrot/Zinnoberrot genauso über das Ziel hinaus wie die formale Bestimmung Quadrat/Rechteck. Wir können jetzt also immer mehr bestätigen: Je genauer wir die Sache nehmen, desto unfassbarer wird sie.

Das ist ein reziprokes Verhältnis. Je genauer wir es fassen wollen, desto unfassbarer wird der Bestand, und je länger wir uns auf ihn einlassen, desto mehr verwandelt er sich. Farbe wird hier nicht so erfahrbar, dass wir sagen können: Dieser farbige Bestand ist so und nicht anders. Denn – welche Farbe gilt hier, wenn jedes Mal ein anderer Eindruck entsteht: die auf den ersten Blick, die auf den zweiten Blick, die auf den dritten oder die nach dem zehnten Blick? Und wenn Sie dann wieder neu hinsehen, ist es immer wieder dasselbe und doch nicht dasselbe.

Was also gilt denn dann in diesem ganzen Vorgang der Verwandlung? Können wir nicht einfach sagen: Das bleibt doch gleich, das ändert sich nur in meinem Auge. Doch woher wissen wir das?

Der Eindruck ist dort. Es gibt keine Sicherung für diesen Bestand. Insofern haben wir es hier mit einer so spezifischen Farbbehandlung durch Mark Rothko zu tun, dass die Farbe tatsächlich nicht als irgendeine gewisse Gegenwart gegeben ist. Sie erscheint hier vielmehr als etwas, das prinzipiell nur als Prozess zu erfassen ist, als ein Vorgang der Umdeutung, der Umfärbung, der Verwandlung. Ein Prozess, in dem Farbe – ohne dass wir uns darüber so genau bewusst werden – allein in dem Zustand des Erscheinens fassbar wird und nicht als gesicherte Eigenschaft von einem bestimmten dinglichen Bestand.

Wir können zwar sagen, es handelt sich nur um eine Fläche, aber wir können den Flächenbestand auf verschiedene Weise deuten. Folglich ist das Rot, das an diesen Flächen begegnet, ganz gewiss nicht Eigenschaft dieser Flächen, denn die heben sich ja auch gegenseitig auf, gehen ineinander über, lassen vollständig widersprüchliche Eigenschaften in der Deutung zu. Also wird das Rot so befreit von der Gegenständlichkeit, dass niemand sagen kann: Dieses und nichts anderes.

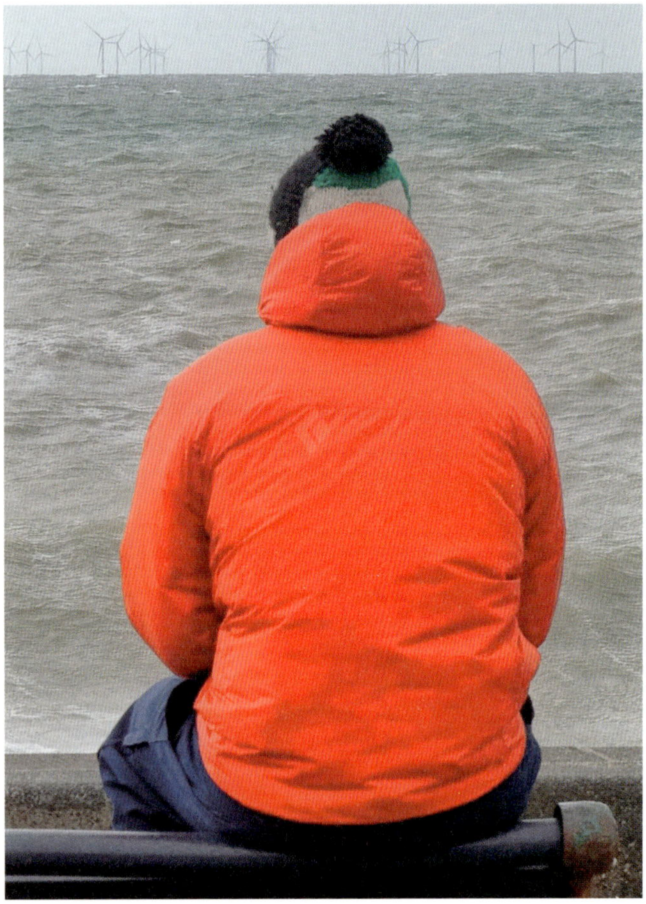

7 | Person mit roter Jacke auf Rücklehne einer Bank sitzend, 4. April 2019

Auf dem nächsten Bild sehen wir einen Mann mit einer roten Jacke. Dies ist ein weicher Gegenstand, aber doch ein Gegenstand und die Farbe ist hier dran. Wir sagen: das ist ein roter Anorak. Also zumindest können wir uns darüber einigen und wir sagen nicht: ein anorakartiges Rot. Das ist die Präferenz und hier gilt ganz klar die Eigenschaft: Die Jacke ist rot, und wenn das Licht ausgeht und sie erscheint nachher grün, dann sagen wir, das ist dieselbe Jacke in Grün.

Die Bestimmung der Farbe als Eigenschaft eines Dings wird ja in Rothkos Bild durch die Malweise vollkommen aufgehoben. Und wenn die Farbe immer anders erscheint: Ist es dann immer dieselbe oder immer eine andere Farbe?

Die Kontinuität, die innere Verbindung dieser verschiedenen Farberfahrungen, die wird nicht von dem Bild selbst gegeben, die muss der Betrachtende in sich erfahren. Sie müssen sozusagen die Einheit der dort erfahrenen Verschiedenheit in sich selber bündeln, fokussieren, in einen Zusammenhang bringen. Dies aber kann nur gelten in der tatsächlichen Aktualität, im Vollzug der Anschauung.

Wenn die Farbe nur als Erscheinungswert ins Bewusstsein treten kann, dann hat das nämlich die Erkenntnis zur Folge: Das, was du sieht, das kannst du nicht mit nach Hause nehmen. Das, was du siehst, hat vorher keinen Bestand gehabt. Das, was hier erfahren wird, kann nur jetzt und eben jetzt erfahren werden. Dies nenne ich Unmittelbarkeit. Es kann nur jetzt unmittelbar gelten. Und was der andere sagt, gilt für den einen unter Umständen schon nicht mehr. Es gilt für jeden sozusagen individuell, obwohl jeder in seiner Individualität die gleichen Erfahrungsoptionen hat. Aber die Reihenfolge ist nicht festgelegt, die Grenzwerte hängen sehr davon ab, wie wir sie beurteilen und wie stark wir uns hineingeben können in einen solchen Prozess.

Damit wird aber eine Ungeheuerlichkeit ausgesprochen, dass nämlich dieses Bild sich vollkommen mit Haut und Haar – jetzt müsste ich hier sagen: mit Farbe und Form – preisgibt.

Die Tatsache, dass das Anschauen selbst mit hineinwirkt in das, was als Bildeindruck, als Farbgegebenheit mir entgegenkommt, spielt für viele Bilder überhaupt gar keine Rolle. Wie man sie ansieht, bleibt meist vollkommen außen vor. Nehmen wir zum Beispiel das Bild des Herrn Stiefel, der gezeigt wird, wie er in einer Zeitung liest. Tauchen zum Beispiel Probleme von allgemeinem Interesse auf, dann steht das gewöhnlich in der Zeitung. Es hat aber mit der Zeitung gar nichts zu tun, da steht es nur drin. Der Inhalt des Gelesenen ist etwas anderes als die Zeitung. Ob ich das nun mit Gefühlen begleite, ist der Zeitung völlig egal.

Mit Rothkos Bild ist es nun etwas ganz anderes, weil das Objekt – das In-Erscheinung-Tretende – abhängig ist von der Weise des Betrachtens, von der Unmittelbarkeit der Erfahrung selbst. Und aufgrund dieser Bildstruktur fangen wir an, uns selbst über die Schulter zu gucken. Denn die Wahrnehmung bemerkt noch mehr als nur das Ding an der Wand. Sie bemerkt mit dem Prozess, der im Wahrnehmen entsteht, auch diesen Prozess selbst. Das Anschauen fängt an, seiner selbst gewahr zu werden. Es wird selbst anschaulich fassbar, tritt mit ins Bewusstsein. Deshalb heißt für mich Wahrnehmen Eintauchen in die andere Qualität. Sinnlich eintauchen, sich sinnlich verbinden mit der anderen Qualität. Das ist sozusagen die erwachsene Kindlichkeit: Einswerden mit dem Anderen in der Anschauung.

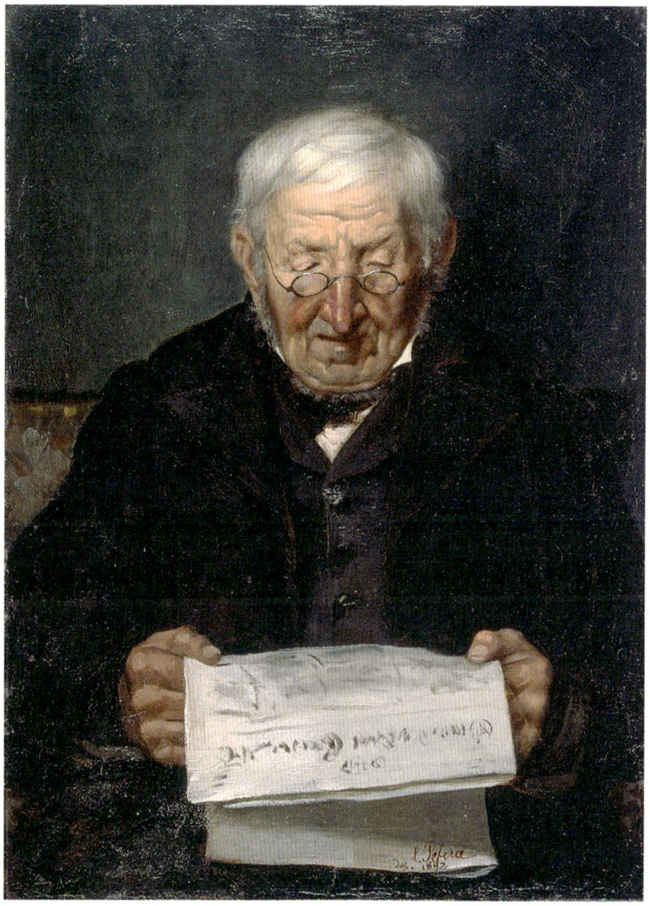

8 I Leon-Jean Petua, Der Vater Stiefel, 1892

Wenn das bemerkt wird, dann tritt hier etwas ganz Ungeheuerliches auf, eine einsam scharfe Konsequenz, die in der gesamten Kunstgeschichte in dieser Schärfe vielleicht nur bei Mark Rothko zum Vorschein tritt, nämlich: Wenn das Wahrnehmen in dieser Weise wiederum selbst als veränderlicher Prozess wahrgenommen wird, dann gehen alle Anhaltspunkte verloren. Dann nehmen wir uns sozusagen in der Beweglichkeit der Bewegung nur als Bewegung wahr.

Wo aber bleibt dann das Feste? Wo ist die Insel?

Rothkos Bilder scheinen diffus gemalt, aber dieses Diffuse ist in Bezug auf den gemeinten Prozess die allerhöchste Exaktheit. Und mit dieser Präzision, mit dieser Exaktheit wird etwas getroffen, wird in uns etwas angestoßen, das sozusagen die Auflösung aller Dinglichkeit zugunsten des Gewahrwerdens des Prozesses im Anschauen bedingt. Das bringt mit sich, dass wir uns selbst als Insel erleben, insofern wir uns selbst in den Zustand der kindlichen Wahrnehmung hineinstellen und bemerken können, dass die einzige Sicherung, der einzige Anhalt wir selbst sind und niemand anderes.

Rothko hatte gegen Ende seines Lebens ein sehr großes Atelier mit geringem Oberlicht. Seine Bilder sollten vor dunkler oder abgedunkelter Rückwand möglichst aus der Nähe angeschaut werden. Und man sollte sie lange angucken.

Sie gehen doch auch manchmal ins Kino und verbringen dort eine gewisse Zeit. Warum sich nicht einmal vor ein solches Bild setzen und dieses auf sich wirken lassen?

Es kann durchaus eintreten, dass ich, wenn ich mich einem Bildeindruck hingebe, eine Initialzündung erlebe, insofern sich die gesichert scheinenden Verhältnisse von Bild und Umwelt, von Sinnlichkeit und Gegenstand aufheben. Ich entdecke, dass sich alles in einem Prozess befindet. Ich erfahre, dass die fixierte Dinglichkeit, die ich als Sicherheit in meinem Wissen über die Dinge habe, auf das Höchste infrage gestellt wird. So kann es passieren, dass ich die Welt plötzlich im Fluss sehe. Unvermittelt tritt dieses Erleben hervor als eine Grunderfahrung der menschlichen Existenz. Es ist deshalb auch nicht von ungefähr, dass die Betrachterinnen und Betrachter von Rothkos Bildern immer wieder eine ganz starke emotionale Betroffenheit schildern, die eintritt, wenn plötzlich die Welt ihren Halt durch den Anstoß einer solchen Bildfiguration verliert.

Wenn sich das Wahrnehmen selber mit wahrnimmt als Gegenstand der Sache, dann verschmelzen Subjekt und Objekt, dann geht das Gegenüber verloren. Es kommt zu einer Art Totalwahrnehmung, in der das Ich sich in allerhöchster Weise gefährdet sehen kann, weil es keine Grenze, keinen Anhaltspunkt, keine vorgegebene Sicherheit mehr hat. Die Gefahr der Selbstauflösung durch die Hingabe in einen solchen Prozess ist außerordentlich groß.

Mir scheint es schicksalhaft zu beobachten, wie Mark Rothko selber mit solchen Bildqualitäten kaum fertig werden konnte. Er hat sich bekanntlich das Leben genommen, vielleicht auch deshalb, weil er die Spannung einer solchen Preisgegebenheit an derart sich ständig wandelnde Bildqualitäten nicht aushalten konnte. Er hat seine künstlerische Biografie eingesetzt, um eine ganz bestimmte Qualität so auf die Spitze zu bringen, dass sie wahrnehmbar wird.

9 | Barnett Newman, 28. Mai 1964

BARNETT NEWMAN

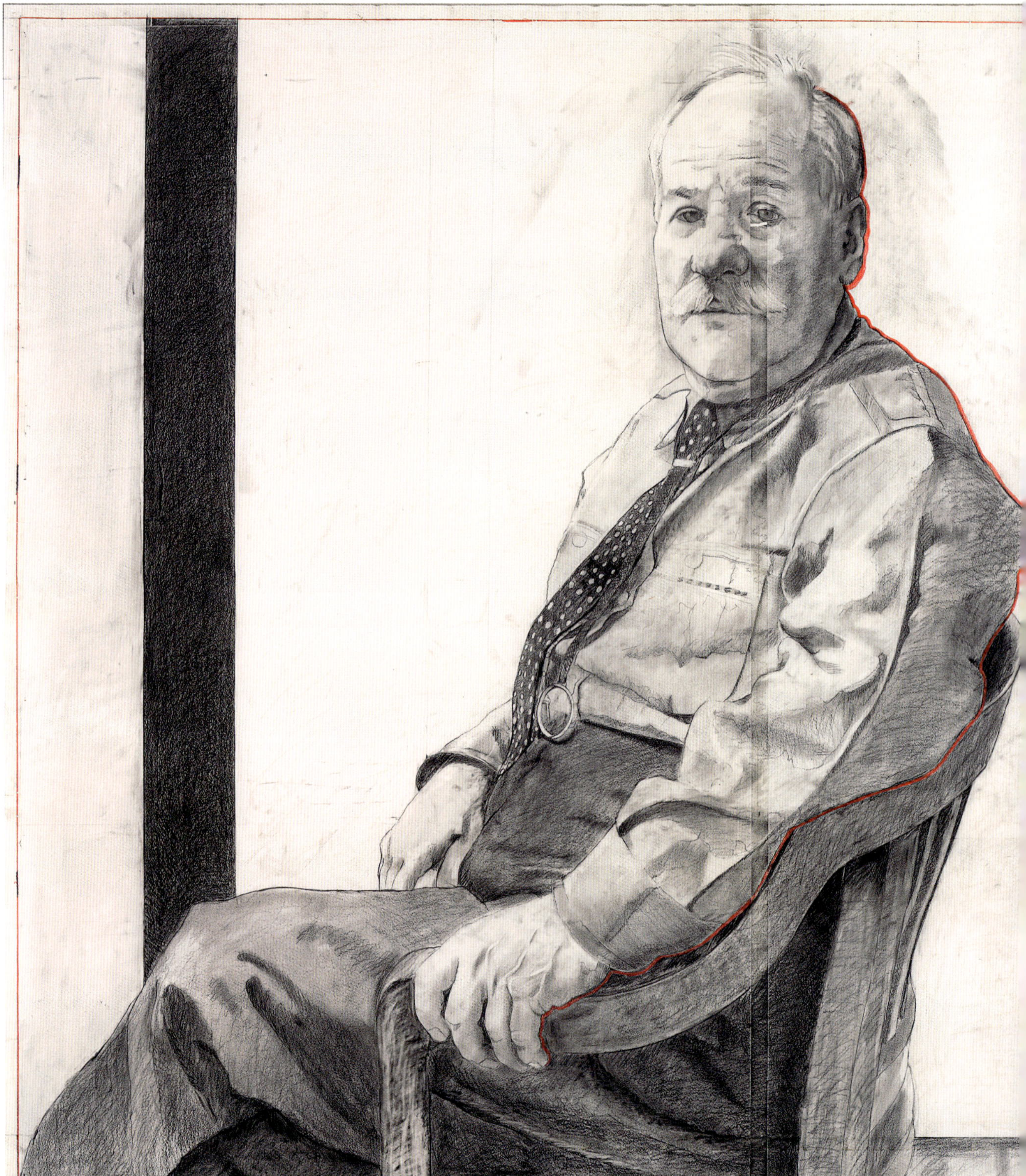

„Das Erhabene ist jetzt.
Das Bild, das wir produzieren,
ist das Selbstverständliche der
Offenbarung, real und konkret,
das jeder verstehen kann,
der es ohne die nostalgischen Gläser
der Geschichte betrachtet.“[9]

Barnett Newman

10 I Larry Rivers, **Bildnis Barnett Newman**, 1975

Wir werden uns nun drei Bilder aus einer Serie von Barnett Newman anschauen. Es handelt sich dabei um Variationen mit dem Titel: *Wer hat Angst vor Rot, Gelb und Blau (Who's afraid of Red, Yellow and Blue).*

11 | Barnett Newman, **Wer hat Angst vor Rot, Gelb und Blau II**, 1967

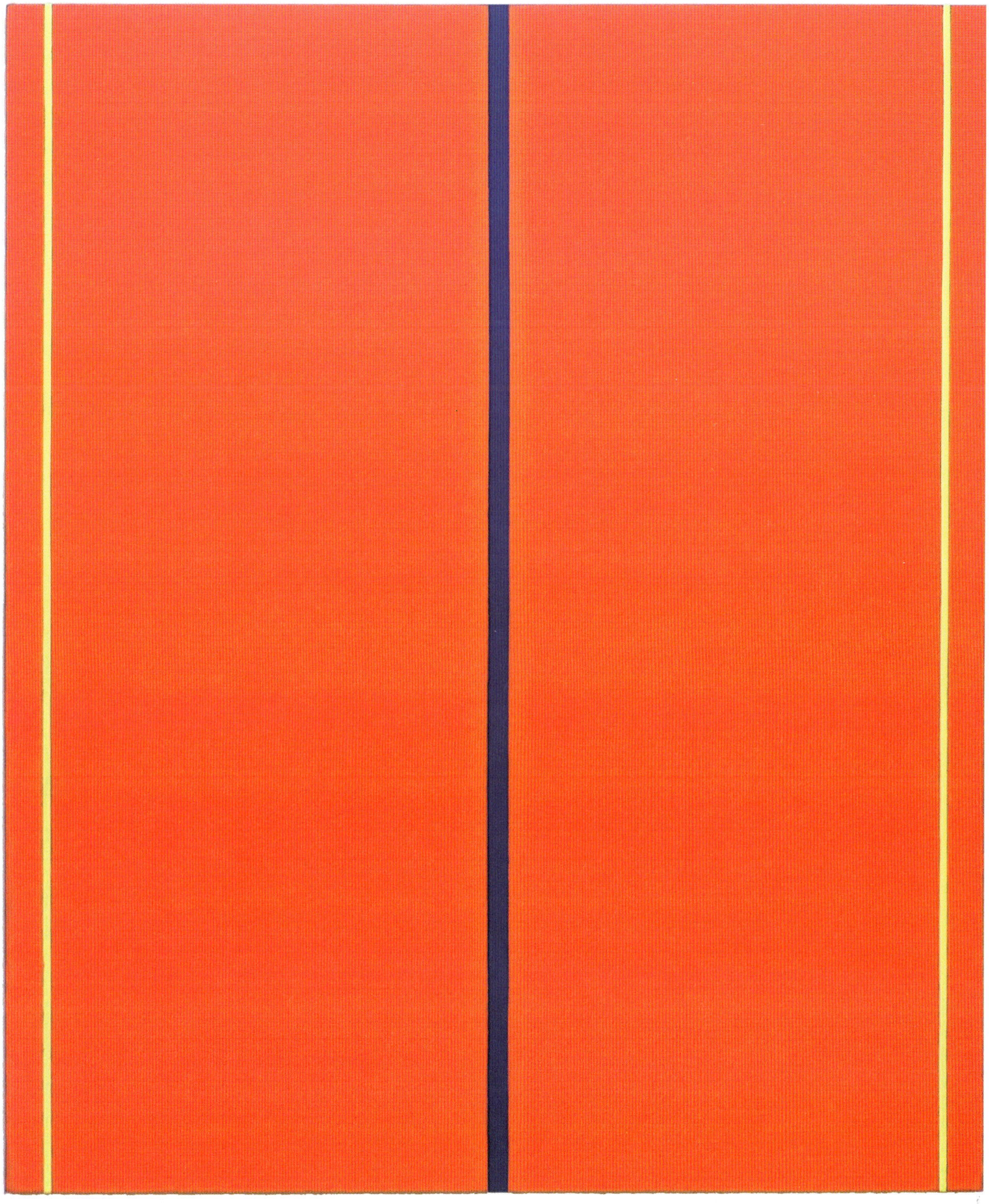

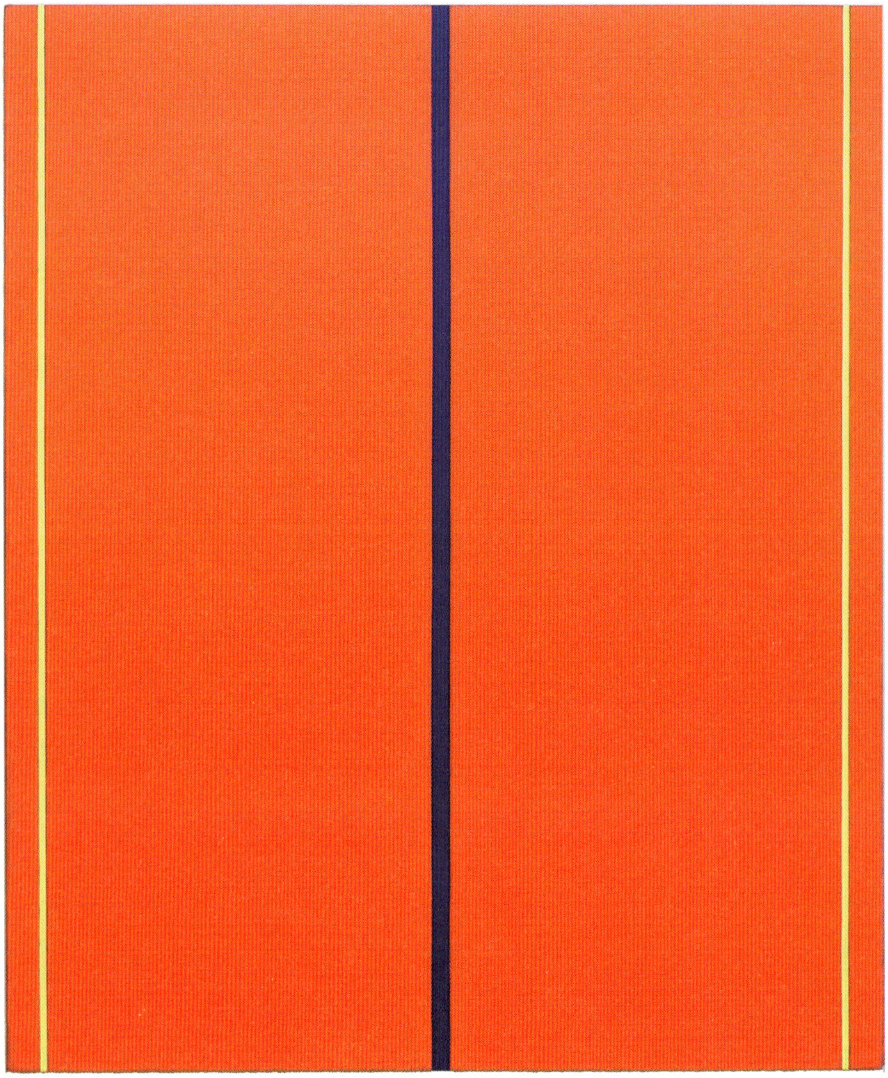

Beginnen möchte ich mit zwei Gemälden, die auf den ersten Blick recht ähnlich aussehen, aber eine vollkommen andere Wirkung entfalten. Was haben diese beiden Bilder (Abb. 11 und 12) gemeinsam und welche Unterschiede stellen Sie fest?

„Beide Bilder sind gleich groß und es werden dieselben Farben verwendet." „Beide Gemälde zeigen im Hochformat eine hochrote Fläche, die von zwei senkrechten schmalen gelben Streifen rechts und links sowie einem etwas breiteren blauen Mittelstreifen unterteilt wird."

Inwiefern unterscheiden sich die senkrechten Streifen der beiden Bilder voneinander? „Einmal sind die gelben und der blaue Streifen ohne alle Schnörkel. Beim anderen Bild sind die gelben Streifen etwas schmaler und wie von einer dünnen gelben Kordel umwunden, während der Mittelstreifen wie ein gedrehtes Seil aussieht".

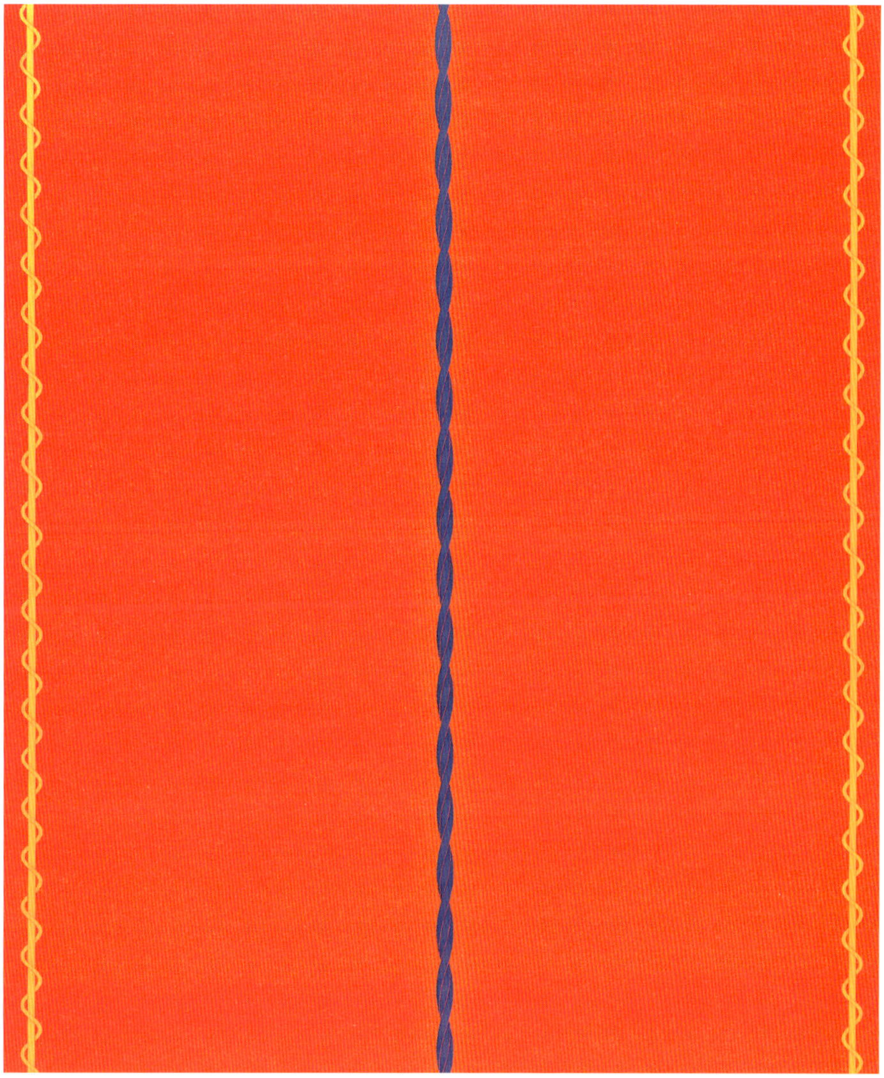

Sie bemerken, wie sicher man sein kann, wenn die gelben und blauen Senkrechten kleine Würmchen sind, die sich räumlich verorten lassen, denn dann ist alles gerettet. Und gerade angesichts dieser Parodie wird wahrnehmbar, welche ungeheure Schärfe, welche Konsequenz in der von Barnett Newman ausgebildeten Bildform liegt. Wir werden das im Folgenden an den weiteren Bildern dieser Serie noch näher beobachten können. Doch lassen Sie uns auch hier wieder eine gewisse Zeit nehmen und das nächste Bild betrachten.

12 | Philip Taaffe, **Wir haben keine Angst,** 1985

Nächste Doppelseite:
13 | Barnett Newman, **Wer hat Angst vor Rot, Gelb und Blau III,** 1967/1968

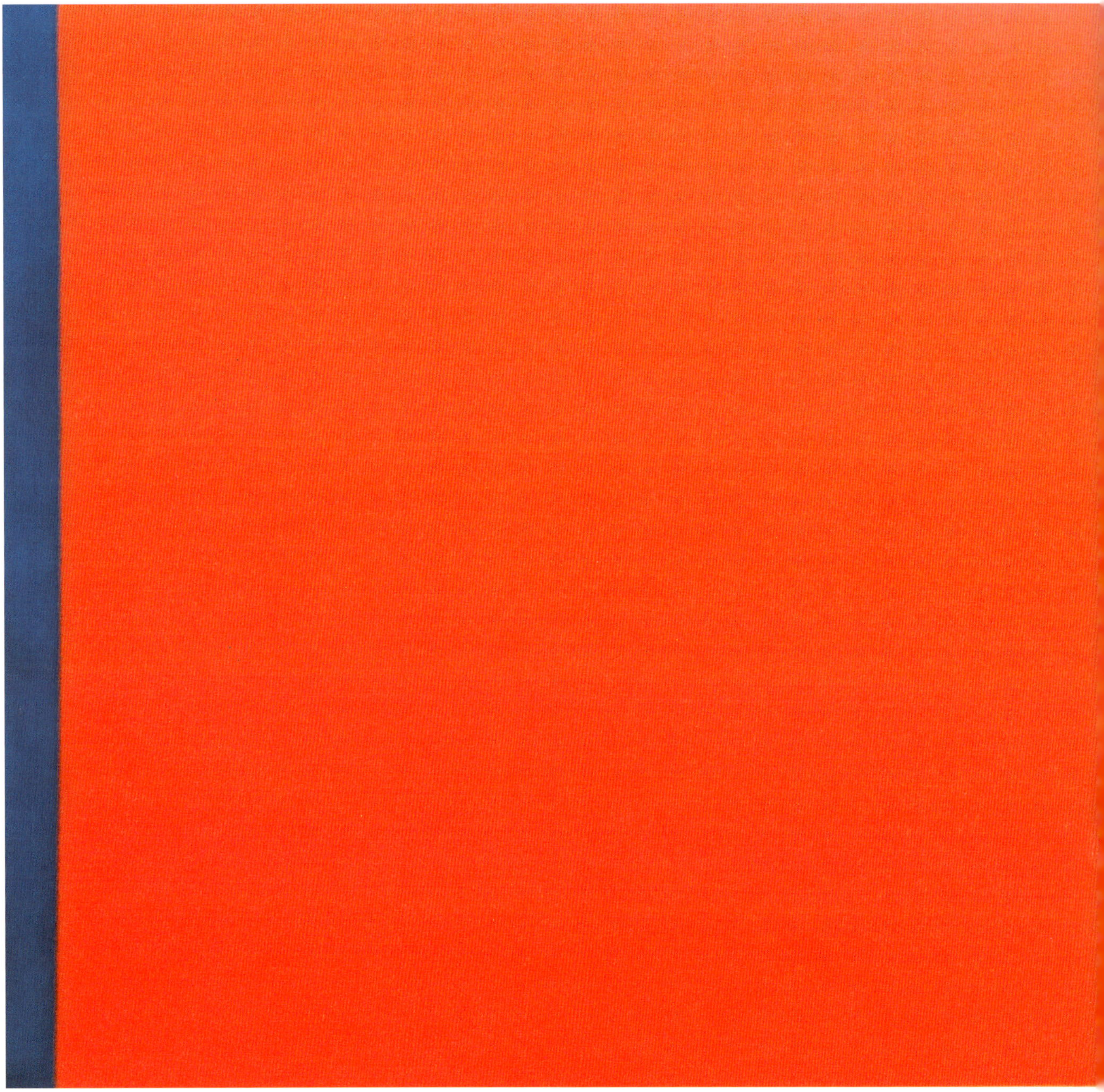

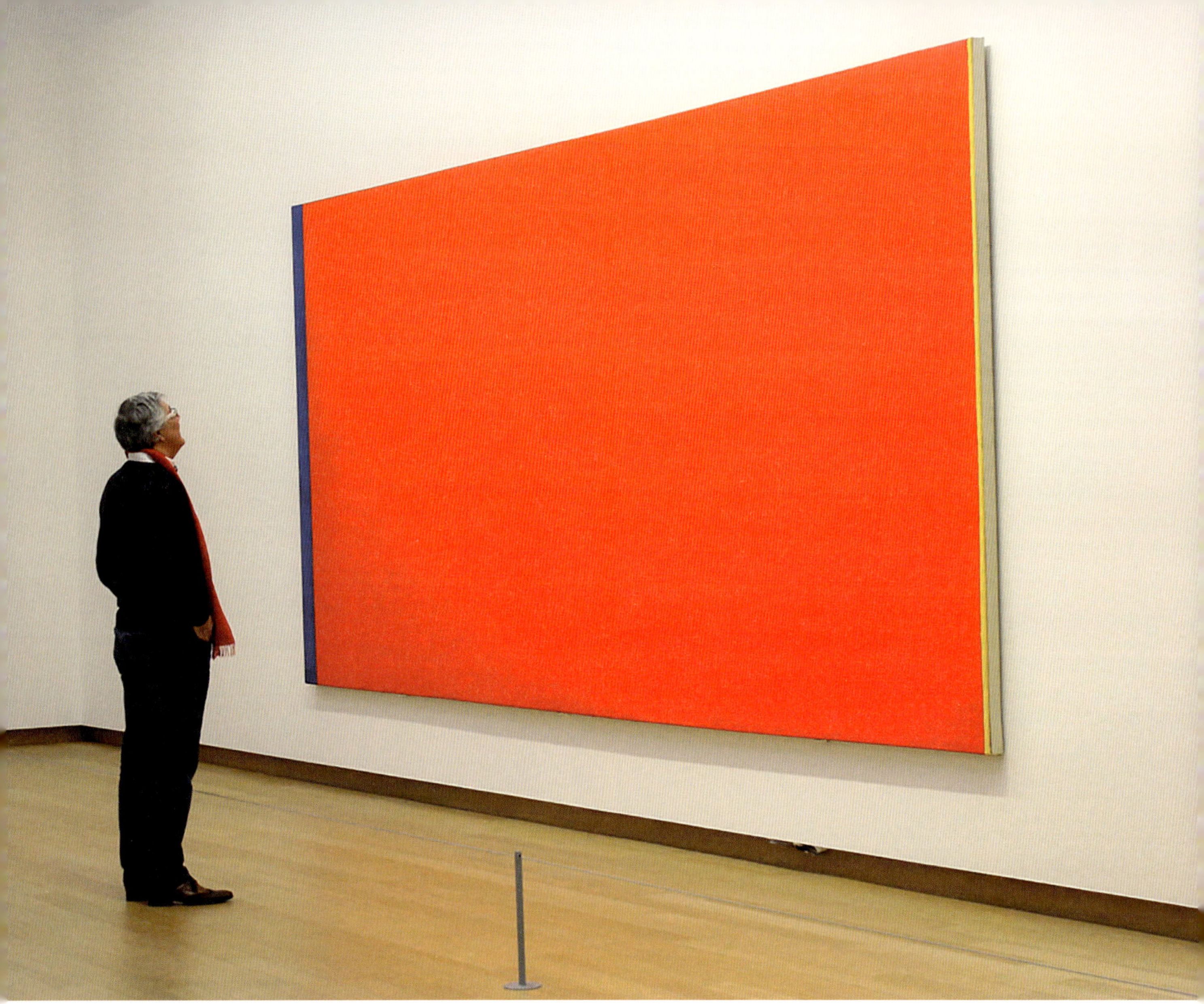

Wir haben es hier mit einem Querformat zu tun, das über fünf Meter breit und knapp zweieinhalb Meter hoch ist (Abb. 13 und 14). Es zeigt in der Mitte eine nahezu monochrome Rotfläche, sehr blendend und scharf – ein ins Orange spielendes Hochrot. Auf der linken Seite ist ein etwas gewölktes Blau und auf der rechten Seite ein freimalerisch gestaltetes Gelb.

Newmans Anweisung ist, dass die Betrachter seine Bilder aus nächster Nähe ansehen sollen. Um das zu erreichen, hat er extreme Ausstellungsbedingungen hergestellt. Zum Beispiel hat er angeordnet, dass ein solches Gebilde in einem Flur aufgehängt und stark angeleuchtet wird. Es sollte für die Besucherinnen und Besucher nicht die Möglichkeit bestehen, einen größeren Abstand zum Bild herzustellen, weil eben ein Flur keinen größeren Abstand erlaubt.

Wenn wir nun den Versuch machen, uns diesem Gebilde zu nähern, dann nehmen wir, bildlich gesprochen, die Museumsbarriere weg, welche die Betrachterinnen und Betrachter vor einem interessanten Effekt schützen soll, den wir nachher noch behandeln werden.

Sie sehen eine ganz große Ausdehnung im Mittelfeld. Stellen Sie sich vor, Sie stehen nun so nah vor dem Bild, dass Sie auf der rechten Seite gerade noch ein bisschen das Gelb sehen und auf der linken

„Man darf eine vollkommen gelbrote Fläche starr ansehen, so scheint sich die Farbe wirklich ins Organ zu bohren. Sie bringt eine unglaubliche Erschütterung hervor und behält diese Wirkung bei einem ziemlichen Grade von Dunkelheit.“

Johann Wolfgang von Goethe

Seite das Blau, aber nur an den Blickfeldgrenzen. So entsprechen Sie der Anweisung des Künstlers, dem es, wie schon erwähnt, wichtig ist, dass seine Gemälde aus der Nähe betrachtet werden.

Was wir zunächst beobachten können, ist, dass dieses Tableau nicht sehr viele kompositorische Elemente aufweist, wie wir sie beispielsweise an Piet Mondrians späten Gemälden sehen konnten.[10] Hier aber ist es deutlich weniger komplex. Es ist nur eine Struktur zu sehen, die nichts anderes zeigt als eine kräftige rote Fläche, an der linken Kante einen blauen Streifen und an der rechten ein ganz kleines bisschen Gelb, die mithin durchaus nicht als Flächengewichte, als Ponderation irgendwie Bezug zu dem Format haben.

Es handelt sich hier gar nicht um etwas, was eine Ausgewogenheit, irgendeinen kompositionellen Wert hat, wie es das abendländische Bild bis in die abstrakte Kunst hinein hatte. Es erscheint ein Bild, als wäre es bar jeder Komposition. Dabei macht sich die Rotfläche so absolut geltend, dass die beiden anderen Farben an den Rand gedrängt sind.

Je länger wir uns dieses Bild anschauen, desto mehr können wir bemerken, wie sich die Farben gleichsam ins Auge bohren. Die Ausdrucksweise habe ich von Johann Wolfgang von Goethe, der in seiner Farbenlehre im Kapitel über *Die sinnlich-sittliche Wirkung der Farben* bemerkt: „Man darf eine vollkommen gelbrote Fläche starr ansehen, so scheint sich die Farbe wirklich ins Organ zu bohren. Sie bringt eine unglaubliche Erschütterung hervor und behält diese Wirkung bei einem ziemlichen Grade von Dunkelheit.“[11]

Die Farbintensität, dieses Anspringen und Sich-ins-Auge-Bohren – eine Gewalt, die plötzlich wirksam wird gegen das Auge, das sich eigentlich nicht wehren kann, es sei denn, Sie verdecken den blauen und den gelben Rand. Denn nur dann kann unsere Wahrnehmung das Rot abdunkeln und abblenden. Das geschieht dann automatisch – ohne unser Zutun. Doch die Farbintensität ist bei diesem Bild so groß, dass es scheint, als ob wir mit den Augen gegen die Sonne blicken. Indem Gelb und Blau an den Bildrändern flimmern, kommt das Rot nie zu einem Abblendeffekt, sodass es dunkel und grau und nachher wie unsichtbar wird, sondern es wird sozusagen in der Wunde ständig gerührt, es wird immer wieder aufgestachelt. Überwältigt von dieser Fläche, überwältigt von dieser Intensität werden wir als Betrachterinnen und Betrachter ständig angestoßen, dieses Rot als Rot zu sehen.

Auch beim nächsten Bild wollen wir uns zuerst wieder etwas Zeit lassen für das Anschauen, bevor wir uns darüber verständigen.

14 | Barnett Newman, **Wer hat Angst vor Rot, Gelb und Blau III** mit Betrachter, Stedelijk Museum, Amsterdam

Nächste Doppelseite:
15 | Barnett Newman, **Wer hat Angst vor Rot, Gelb und Blau IV**, 1969/70

„Ich hoffe, dass mein Bild dazu führt, dass jemand wie ich das Gefühl seiner eigenen Gesamtheit, seiner eigenen Getrenntheit, seiner eigenen Individualität bekommt.“ [12]

Barnett Newman

Bei diesem Bild ist der gelbe Streifen im Vergleich zum vorherigen Bild sehr breit und auch das Blau in der Mitte ist deutlich breiter als der schmale blaue Rand zuvor. Das Rot ist symmetrisch zum Gelb angeordnet.

Die gelbe und die rote Farbfläche sind sehr aggressiv und hell gemalt, aber auch der blaue Streifen dazwischen hat es in sich und kann sich bei längerer Betrachtung verändern und ein lila- oder türkisfarbenes Nachbild hervorrufen.

Wenn wir an die einzelnen Farbflächen nahe herantreten, so können sie die Vorstellung eines Ausschnitts aus einem an sich unbegrenzten, riesenhaften Farbkontinuum wecken. Wenn wir direkt davorstehen, werden – wie im vorherigen Bild – kompositionelle Zusammenhänge für das Bewusstsein aufgehoben und unfassbar gemacht. So kann eine virtuelle Entgrenzung im Betrachten entstehen. Wir können durch die aktuelle Entgrenzung des Blickfeldes aber noch eine andere Qualität entdecken.

Wir haben ja mit unserem Blickfeld so eine Art Rahmen, innerhalb dessen wir uns bewegen. Zum Beispiel können wir nicht gleichzeitig nach vorne und nach hinten blicken, sondern müssen uns für diesen Richtungswechsel umdrehen. Wenn nun das Bildfeld, das wir vor uns haben, unser Blickfeld überragt, kann der Eindruck entstehen, dass wir etwas Unbegrenztes, Unüberschaubares vor uns haben.

Wenn nun diese Unüberschaubarkeit so wirkt, dass keine Grenze da ist, dann bekommt zum Beispiel das Rot plötzlich eine Qualität, die etwas entfesseln kann.

Doch probieren Sie es lieber gleich selbst aus. Richten Sie Ihr Auge für 30 Sekunden auf die rote Fläche. Können Sie schildern, was passiert? „Ich fühle mich von dem Rot wie geblendet.“ „Die Rotfläche dunkelt sich zunächst ab und leuchtet dann plötzlich wie ein Blitz auf.“

Und wie ergeht es Ihnen mit dem Gelb? „Mir kommt es so vor, als ob ich gegen die Sonne blicke.

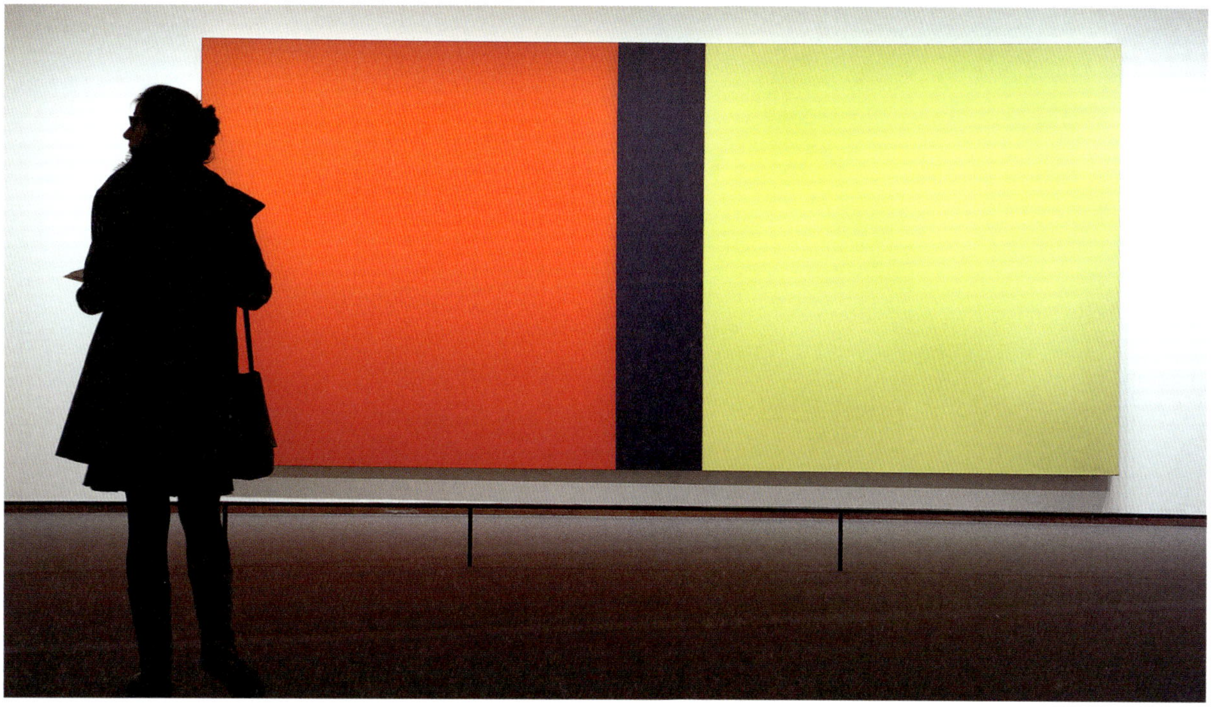

Es blendet mich." „Dieses Gelb wird ganz wackelig. Es fängt an zu blitzen."

Und das Blau: Bleibt es so, wie es auf den ersten Blick erscheint? „Es färbt sich manchmal um, wird hell, wird wieder dunkel." „Ich schaue mir das Blau im Vergleich zu den beiden anderen Farben gerne an, weil es nicht auf mich eindringt, sondern mir einen Raum lässt."

Nun ist es ja so, dass wir ein seltsames Verhältnis zur Wirklichkeit haben. Wir schützen uns nämlich vor ihr durch unsere Begriffe. Der beste Schutz vor der Wirklichkeit sind unsere Begriffe.
Wenn irgendetwas im dunklen Wald grunzt, dann sagen Sie „Wildschwein" und denken sich: „Das ist bloß ein Tier und ich bin ein Mensch", und schon ist die Sache eingeordnet. Oder Sie stehen im Museum vor einem Kunstwerk, das Sie irritiert, weil Sie nichts damit anzufangen wissen. Nicht selten retten wir uns dann dadurch, dass wir auf das Schild mit dem Namen und Titel des Bildes blicken, um uns in Sicherheit zu bringen. Wir werden mit der Angst fertig, wenn wir nur den Begriff für eine Sache haben. Dann ist sie schon halb bewältigt und so gehen wir tatsächlich mit der Wirklichkeit um: Ein Begriff – und die Sache ist erledigt. Und so könnten wir auch hier sagen, dass wir bei Newmans Bild zum Glück von einem eindeutigen Rot sprechen können. Es ist nicht wie bei Rothkos Gemälde, wo die verschiedenen Farben sich immer unfassbarer machen. Hier ist es ein klares Gegenüber, nämlich das Rot als Hochrot sowie Gelb und Blau als reine Farben: die Grundfarben, mit denen ich konfrontiert werde und die ich aushalten muss.

Wir bemerken aber, dass der Begriff „Rot" angesichts einer solch entfesselten Farbgewalt keine Chance mehr hat. Er wird zwar ausgesprochen, aber sein Banneffekt wird durch die Farbwirkung gleichsam überspült.

16 I Barnett Newman, **Wer hat Angst vor Rot, Gelb und Blau IV** mit Betrachterin, Nationalgalerie Berlin

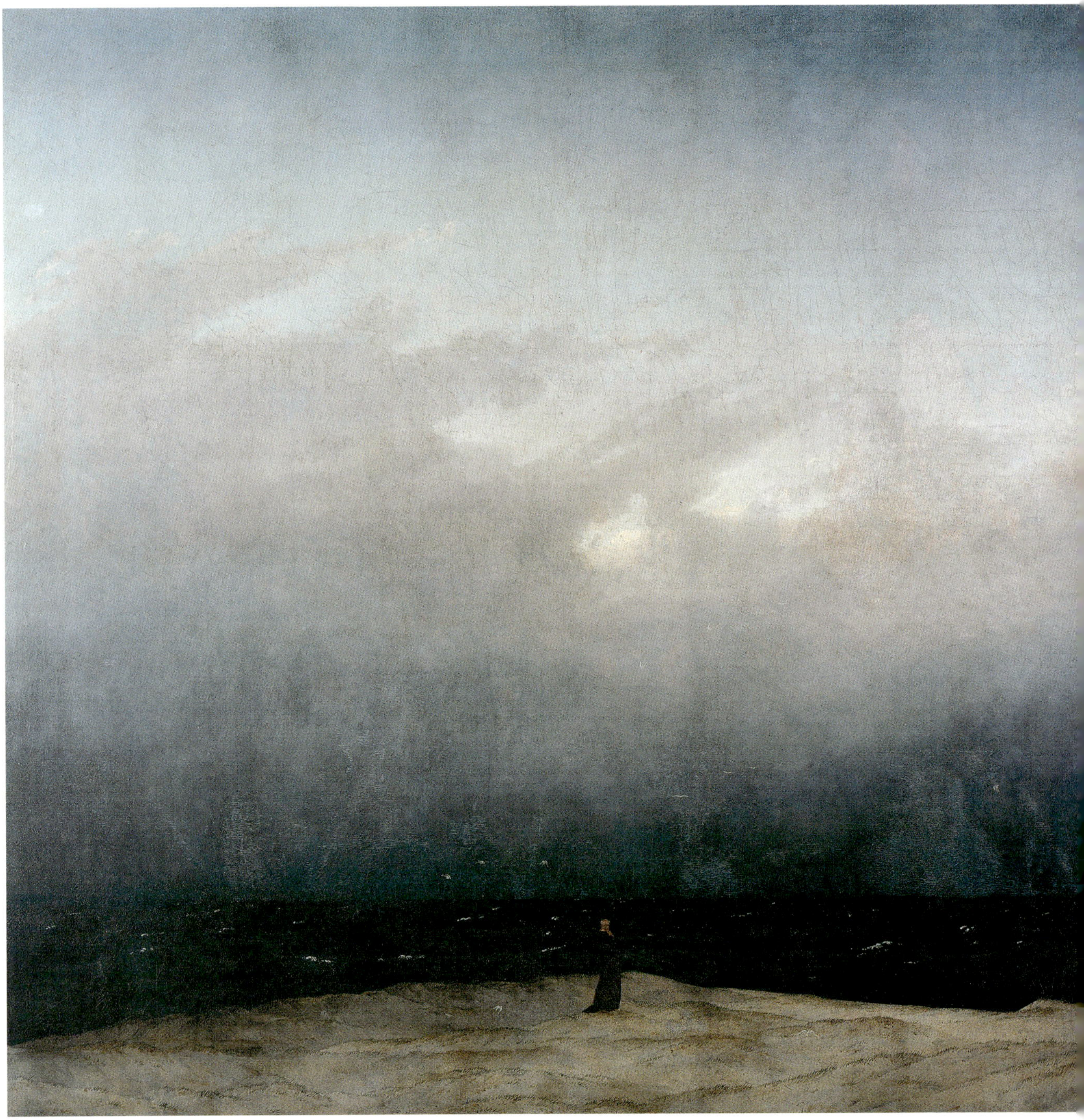

Wir finden in den soeben betrachteten Bildern Newmans eine Art Überwältigungsstruktur, die auch schon in der Zeit der Romantik thematisiert worden ist. Sie kennen sicherlich das berühmte Bild *Mönch am Meer.* Hier ist eine einzelne kleine Figur an einem einsamen Strand stehend dargestellt vor einem dunklen Meer. Damals wurde das Sublime oder das Erhabene in der Natur versinnbildlicht durch die Darstellung tosender Wassermassen oder weiter Landschaften, in denen der Mensch im Vergleich unendlich klein und wie ausgesetzt erscheint vor einer gewaltigen Natur, die alles übersteigt, was in seiner Macht liegt (Abb. 17). So wurde die Kleinheit des Menschen gegenüber der Welt in der Seele erfahrbar gemacht.

Es kann uns auch heute noch ein geheimer Schauer ergreifen, wenn wir sehen, dass da etwas ist, das über uns hinausgeht. Und dennoch kann gerade durch das, was uns da überwältigt, in uns etwas angeregt werden, bei dem wir spüren: Wir sind es selbst, die das denken.

Der Philosoph Georg Wilhelm Friedrich Hegel (1770–1831) hat das wie folgt auf den Punkt gebracht: „Eine Grenze als solche zu denken heißt auch, das Grenzenlose zu denken."[13] Die Souveränität des menschlichen Geistes hat Hegel hierdurch einmal mehr bestätigt, denn der Mensch, der sich dem Erhabenen aussetzt – auch in der Kunst – indem er sich solche Bilder vor Augen bringt, stößt in sich etwas an, was über ihn, über seine menschlichen Grenzen hinausführt.

17 | Caspar David Friedrich, **Der Mönch am Meer**, 1808–1810

So scheint mir auch bei Newmans Bildern entscheidend, dass die Farbe nicht als Eigenschaft einer farbigen Tafel auftritt, sondern ihre Eigenmacht im Anschauen so entfesselt, dass sie nur noch in ihrer Gegenwart als Wirklichkeit, als Präsenz in dieser Übermacht, in dieser Erhabenheit vor uns steht. Das Ich kann dem entweder standhalten, oder es muss weichen. Und deshalb ist der Titel *Wer hat Angst vor Rot, Gelb und Blau* nicht ganz von der Hand zu weisen.

Bei Newman ist nicht das, was ich im Gedanken über das Bild erfasse, der Wert desselben, sondern was ich an diesem Bild, in diesem Bildprozess aktuell als über das Sinnliche hinausgehende geistige Erfahrung in der unmittelbaren Präsenz habe. Das Geistige ist nicht dahinter, darüber oder sonst wo, sondern hier und jetzt. In den Worten Newmans: „… mich [ließ] die Idee, den Betrachter seine eigene Präsenz fühlen zu lassen, nicht mehr los, der Gedanke, dass der Mensch präsent ist."[14]

Newman möchte die Betrachterinnen und Betrachter in die unmittelbare Gegenwart führen durch eine Konfrontation mit der Übermacht der Farbe. Diese wird nun rein zum Wirkungswert und nicht mehr als Eigenschaft von etwas verwendet, sodass in der Erfahrung der Überwältigung Angst entstehen kann. Doch wir haben die wunderbare Möglichkeit, das festzustellen. Und diese kleine Lücke, die sich auf diese Weise innerhalb der Selbstverwerfung freischaufeln lässt – diese kleine Lücke, die in der Erkenntnis liegt, dass wir selbst diejenigen sind, die wahrnehmen und beurteilen, ist, was uns retten kann vor der Erfahrung der Überwältigung.

Hier ist eine Art objektive Selbsterfahrung gemeint, nämlich die Kraft, die diesem Rot standhält. Und nun fragen Sie sich vielleicht, warum gerade die Farbe so wesentlich wird, warum es denn die Farbe sein muss, die einen an solche konkreten Erlebnisse führt.

Wir konnten bemerken, dass die Farbe, wie sie Newman in seinen Bildern verwendet, nur dann wirksam ist, wenn sie erscheint, wenn sie da ist, wenn sie gesehen wird in ihrer Unmittelbarkeit und Präsenz. Und hier mit aller Konsequenz, weil all das, woran wir uns im Bild festhalten könnten, eben nicht mehr vorhanden ist – Dekomposition, Entgrenzung auf jeder Ebene.

Wie bei Rothko so ist auch hier die Farbe nur dann wirksam, wenn sie da ist, wenn sie gesehen wird. Festzuhalten wäre also: Farbe wirkt immer nur dort, wo sie erscheint. Und das ist genau die Struktur, die für unser Ich gilt. *Ich* wirkt immer nur dort, wo es wirkt, wo es erscheint. Es gibt unser Ich nur dann, wenn es präsent ist. Ich ist keine Sache wie etwas, das im Kühlschrank liegt, das wir bei Bedarf herausnehmen und auftauen können.

Hier haben wir eine seltsame Entsprechung einer Sinnesgegebenheit, nämlich der Farbe und der rein geistigen Präsenz, die wir Ich nennen. Das Ich *kann* aufwachen und sich an der Farberfahrung über seine eigene Natur aufklären, in der Aktualität, in der Gegenwart seiner eigenen Tätigkeit als anschauende Leistung.

Wenn Sie mir bis hierher folgen konnten, dann werde ich auch den Abschluss noch hinbekommen, denn es wird noch weniger greifbar und auch das sinnliche Korrelat wird noch weniger diskutabel.

18 I Ad Reinhardt bei der Arbeit, 1. Januar 1966

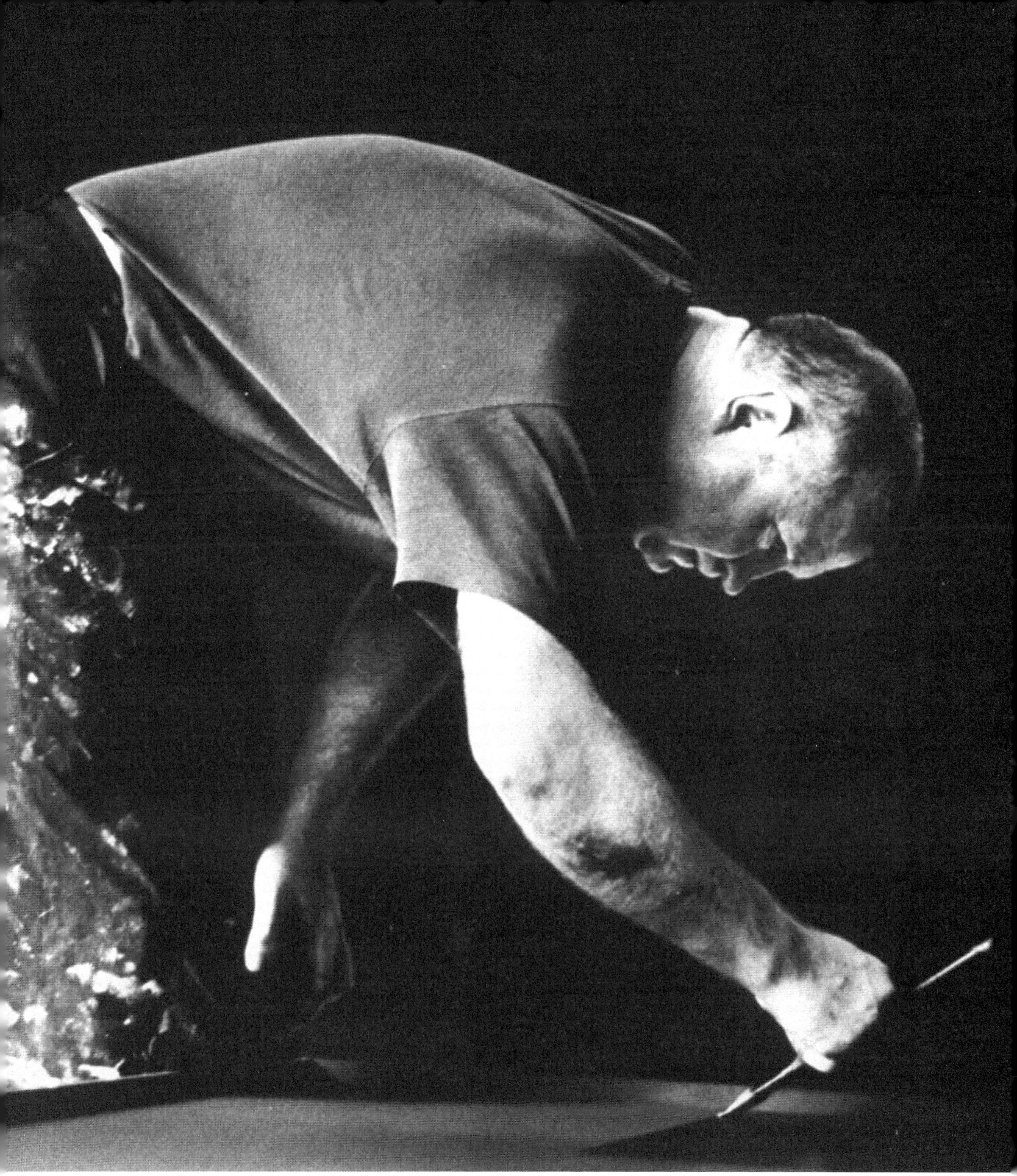

AD REINHARDT

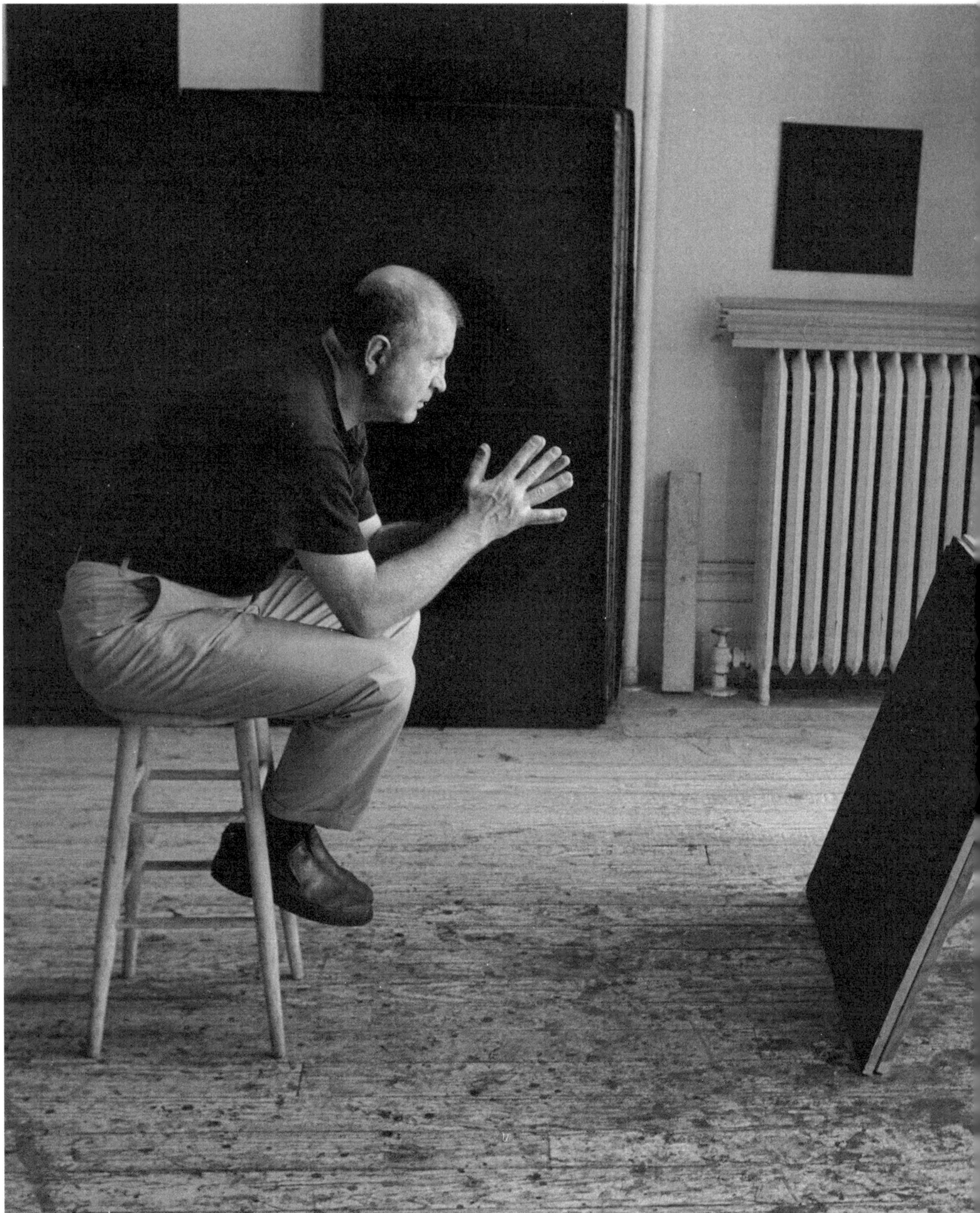

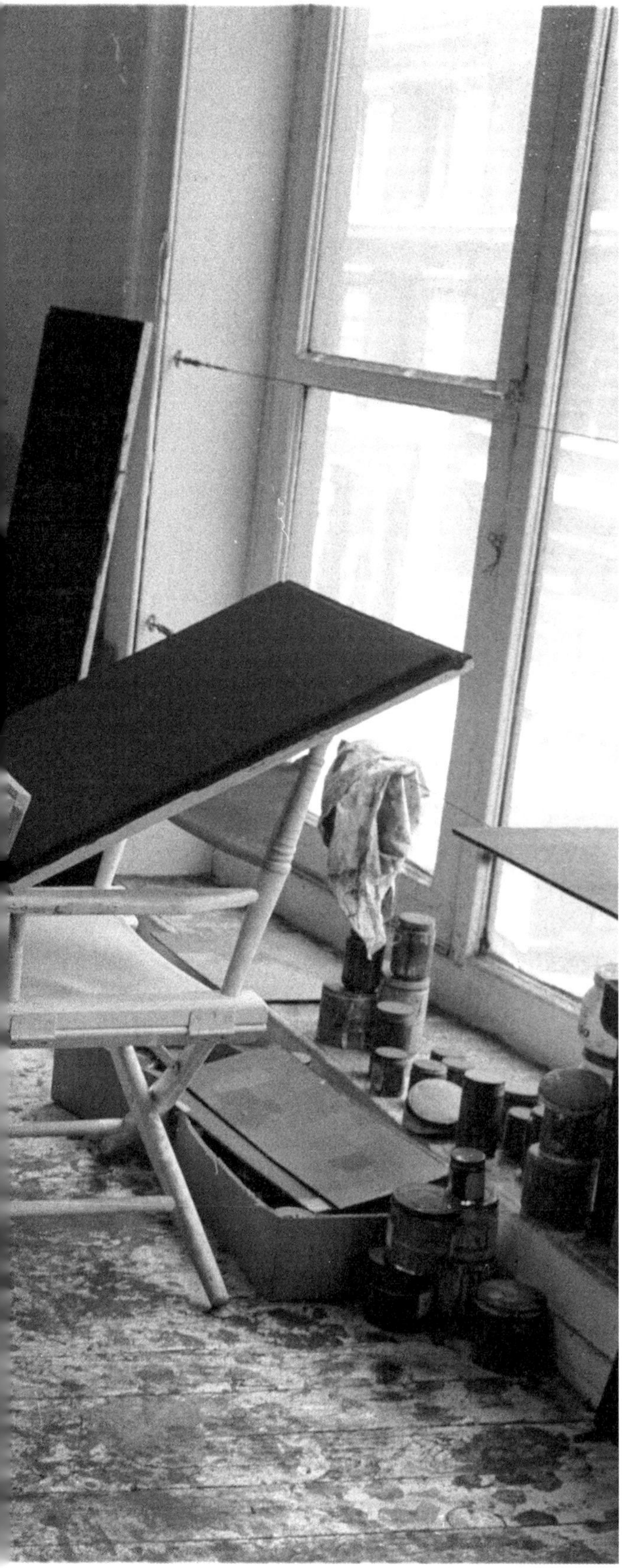

„Anschauen ist nicht so leicht, wie es scheint. Die Kunst lehrt den Menschen das Sehen." [15]

Ad Reinhardt

19 | Ad Reinhardt vor einem seiner *Black Paintings*, 1. Juli 1966

Dies ist ein Gemälde von Ad Reinhardt. Was ist Ihr erster Eindruck? Wie sieht das aus, was für eine Farbe hat das? Und jetzt beobachten Sie genauer: Sehen Sie Formen darin? Quadrate vielleicht oder Streifen?

Wenn Sie dieses Bild im Museum sehen, sieht es auf den ersten Blick zunächst schwarz aus. Und erst die längere Zuwendung gestattet, formale Differenzierungen zu finden. Wie ergeht es Ihnen mit diesem Bild? Können Sie Differenzierungen erkennen? „Ich sehen einen breiten, quer liegenden Streifen." „Ich erkenne auch einen horizontalen und einen vertikalen Streifen." „Ich sehe eine Art Schweizer Kreuz – das weiße Kreuz auf rotem Feld – in dem Schwarz auftauchen."

Es zeigt sich also durchaus eine Bildstruktur, wenn wir uns länger auf das Bild einlassen. Vor Ort im Museum dauert das oft eine ganze Weile, bis der oder die Erste das bemerkt.

Ich habe immer wieder erlebt, dass – wenn ich mit einer Gruppe im Museum vor diesem Bild stehe – die eine Hälfte sagt, dass sie nichts sehen würde, während der anderen Hälfte plötzlich Formen sichtbar wurden. Wir haben es hier also mit einem extremen Bildwert zu tun, insofern schon der formale Bestand nicht ohne Weiteres zu sichern ist.

20 I Ad Reinhardt, **Abstraktes Gemälde**, 1961

„Als Künstler und Maler möchte ich das Symbolische weitgehend ausschließen, denn Schwarz ist nicht als Farbe interessant, sondern als Nicht-Farbe und als Abwesenheit von Farbe.“ [16]

Ad Reinhardt

Noch radikaler wirkt das Bild, wenn wir uns auf die Farbe einlassen. Wir stehen vor einem Gebilde, das zunächst schwarz ist, in dem jedoch nach längerem Hinblicken ein dunkles Rot auftauchen kann oder ein dunkles, aber ganz durchsichtiges, ungreifbares, transparentes Blau. Auch kann an den Ecken ein wie davorgeschobenes Gelb sichtbar werden.

Wenn Sie aber jemanden mit einem Finger darauf aufmerksam machen wollen, dann ist es schon wieder verschwunden. Trotzdem taucht das immer wieder auf und ist wiederholbar. Das hängt materiell damit zusammen, dass bei den Gebilden von Ad Reinhardt ungefähr 80 bis 120 Farbschichten aufgetragen sind in allen Volltonfarben, die aber jeweils mit Korkasche oder mit anderen Materialien abgedunkelt sind in Richtung Schwarz.

Ad Reinhardt malte so lange, bis auf den ersten Blick der Eindruck entsteht, es handle sich um eine opake schwarze Fläche. Also ein Malverfahren, das die Farbe nicht präsentiert, sondern schrittweise entzieht, bis zu der Grenze, wo sie fast oder gar nicht mehr zu bemerken ist.

Die Wahrnehmung der Farben ist abhängig von der Aufmerksamkeitsschwelle und wer nun länger draufblickt, kann die Farben vorübergehend wieder heraussehen, gelangt jedoch nie zu einer Gewissheit. Es handelt sich um eine Reduktionsform, die so stark ist, dass die Betrachterinnen und Betrachter an eine Grenze gebracht werden, und das, was sie als Farbe wahrnehmen, nicht versichern können. Sie wissen nicht, ob es Einbildung oder faktisch gegeben ist.

Diese Grenze ist mit nichts festzustellen. Sie bleibt beweglich. Was nun eintritt durch eine solche Privation, durch eine solche Beraubung, durch einen solchen Entzug von Sicherheit, ist, dass wir als Betrachterinnen und Betrachter an eine Stelle geführt werden, wo der Überschuss an Eigeninitiative, wo die farbbildende Tendenz des Anschauens selbst fassbar wird. Dies wird möglich, weil wir sozusagen etwas hinzutun, nicht nur begrifflich im Zuspruch, sondern weil in der Aktualität des Anschauens die Farbbildetendenz, die im Sehen selbst liegt, mit zum Vorschein kommt. Das Ding nimmt sich in seiner farbigen Erscheinung so stark zurück, dass der Vorgang der Anschauung eine Chance hat, ins Bewusstsein zu treten.

21 I Ad Reinhardt, **Abstraktes Gemälde**, 1961 (Ausschnitt)

„Ein abstraktes Gemälde wird auf Sie reagieren, wenn Sie darauf reagieren." [17]

Ad Reinhardt

Wir sind ja meist der Meinung, Sehen sei ein passiver Akt, bei dem die Sachen auf uns einstürzen. Hier wird nun ein Gegenstand so gestaltet, dass er nicht auf den Menschen einstürzt und ihn überwältigt, wie wir das an den Bildern von Barnett Newman erleben konnten. Dieses Gemälde nimmt sich farblich so zurück, dass die Initiative, die produktive Fähigkeit des Auges, auf Farbe zuzugehen – die nicht allein eine retinale Potenz, sondern auch eine innere Erwartung ist – sinnlich mit aufkommt. So wird es möglich, im Sinnlichen selbst schon eine Art geistige Erfahrung zu erleben, insofern an der Grenze zwischen fassbarer Objektivität und unfassbarer Subjektivität die Zusprüche wechseln können. Es entsteht etwas wie eine Unsicherheit über das, was zu sehen ist: Sehe ich das, weil ich es sehen will? Oder sehe ich es, weil es dort ist? In welchem Verhältnis stehe ich dazu?

Es können diese Bilder eine ganz ungeheure Unsicherheit, ja Gefühle der Preisgegebenheit und Einsamkeitsgefühle auslösen, denn es ist nicht leicht auszuhalten, etwas nicht zu sehen, was alle anderen womöglich sehen, oder gar mit sich selbst nicht übereinzukommen, was zu sehen ist. Und niemand kann dazu gezwungen werden, denn das würde ja diese zarten Vorgänge erst recht empfindlich stören. Es nützt also nichts, wir können kaum sagen: Sieh es oder sieh es nicht. Es ist nichts zu sehen, was nachher beweisbar vor Augen stünde.

Der Adressat der Erfahrung ist nur dieses eine Ich. Selbst wenn wir in einer großen Gruppe hier sitzen. Alles ist preisgegeben, vereinzelt und vereinsamt auf diese eine Erfahrung. Diese *eine* Erfahrung, die ich jetzt negativ geschildert habe, ist wieder *eine* Grundbedingung unserer Ich-Erfahrung, nämlich die Erfahrung der Freiheit.

Das ist die Kehrseite der Erfahrung der Freiheit. Selbst zu sehen, nicht immer nur den Eindruck zu haben, dass das Sehen gleichsam ein Programm ist, von außen auferlegt und nur eine Reaktion auf Vorhandenes, sondern dass durch das differenzierte Anschauen des Schwarz eine Art exakte Ahnung über die Volatilität und mithin Freiheit der eigenen Wahrnehmung aufkommen kann, und dass diese exakte Ahnung zu einer Wirklichkeitserfahrung wird, wenn sich das Ich diesem Prozess stellt – oder eben nicht stellt.

22 I Betrachterin vor Ad Reinhardts Abstraktem Gemälde

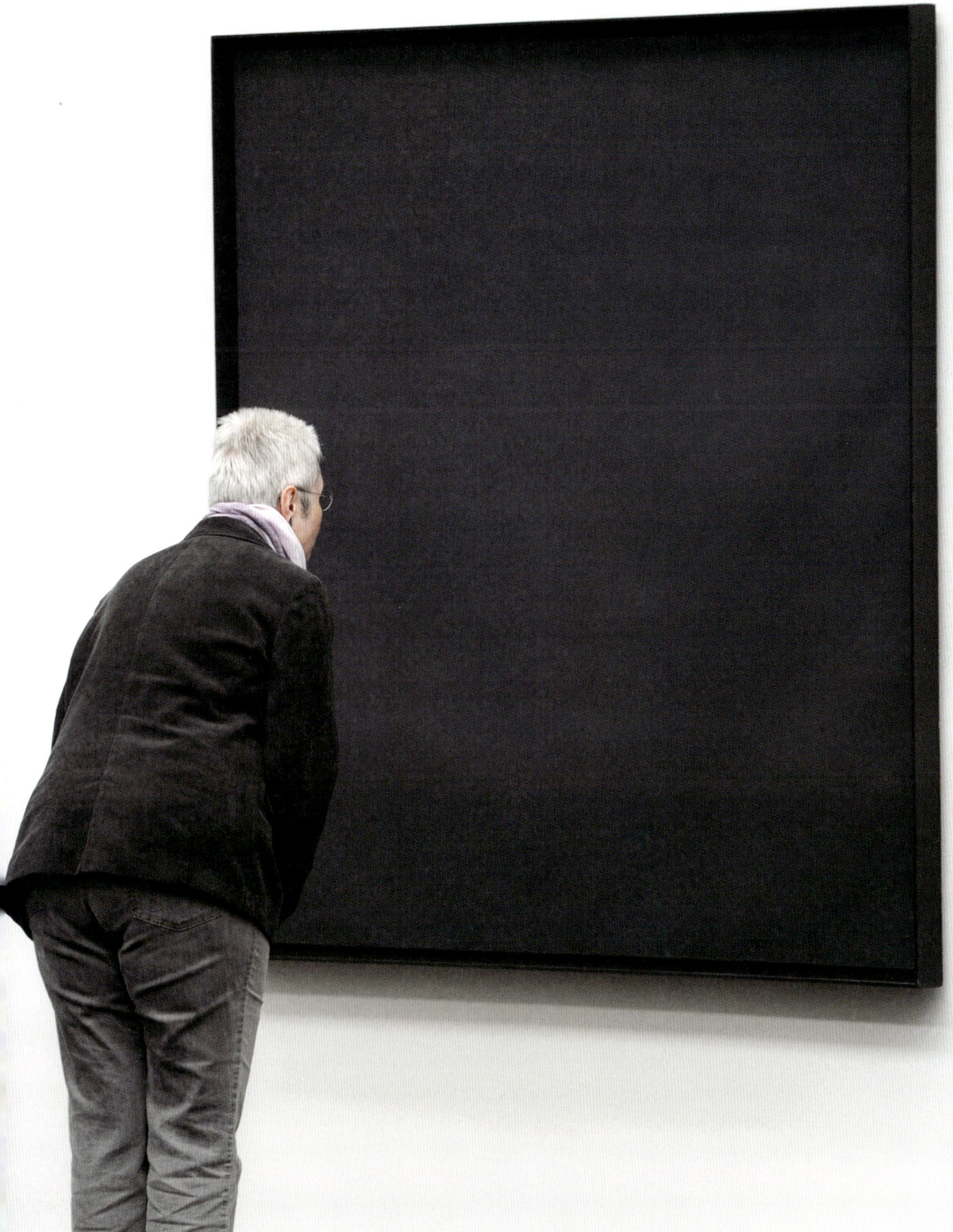

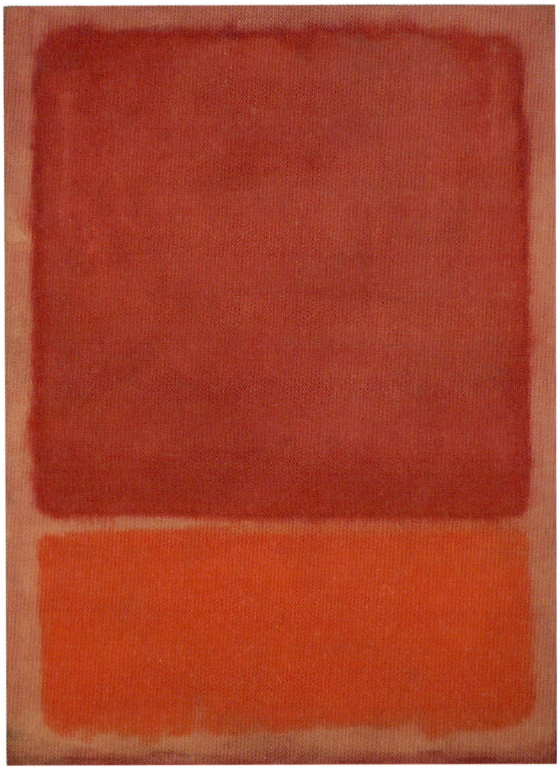

Schauen wir die drei Künstler zusammen an: Im Abstrakten Expressionismus, in diesem Bereich der Konkreten Kunst, wie sie Wassily Kandinsky nannte, besteht die Möglichkeit, wie Mark Rothko gezeigt hat, in der Hingabe an den höchst volatilen Wahrnehmungsprozess die Flüchtigkeit, die Wandelbarkeit der Erscheinungsbilder zu beobachten.

Bei Barnett Newman hingegen können die Konfrontation, die Gegenwirkung, aber auch die Überwältigung so stark erlebt werden, dass wir in einen Prozess kommen, der uns aufwachen lässt in der Farberfahrung, die unser Ich über seine eigene Natur aufklären kann in der Aktualität, in der Gegenwart seiner eigenen Tätigkeit als anschauende Leistung.

Bei Ad Reinhardt schließlich haben wir in der Leere, in dieser Entzogenheit durch das Schwarz auch wieder die Möglichkeit zu bemerken, wie wir als Ich in dreifacher Weise gefordert sind: einmal in der Selbstbehauptung, einmal in der Selbstsetzung und einmal in der Selbstverwandlung. Denn es gilt nun die Leere, die um das Ich ist, in einer bestimmten Weise zu ergreifen, und zwar in der Qualität der Freiheit. Insofern werden die Grundlagen unseres heutigen Bewusstseins als Ich-Kultur berührt, da uns die Zugehörigkeit zu Nationen, zu einem bestimmten Stand, zu einer bestimmten Klasse oder Altersgruppe, zu einer Familie oder einem bestimmten Geschlecht, dass alle diese Klassifizierungen nichts nützen, denn wir sind als Ich gefragt.
Immer dort, wo man auf diese Sachen pocht und etwa sagt: „Ein Stuhl ist ein Stuhl und deswegen kann ich mich draufsetzen" – dieses Sicher-Sein in den Sinnen, in den Begriffen, gilt es zu bemerken, sodass das genauso fraglich wird wie alle äußeren Sicherheiten. Wenn wir darauf pochen, dann pochen wir auf etwas Hohles, und wenn wir trotzdem daran festhalten, dann entsteht Krieg.

Doch in der Konfrontation mit diesen Kunstformen können wir uns exemplarisch darüber bewusst werden, was es heißt, Freiheit auszuhalten.

Ich danke Ihnen sehr für Ihre Mitarbeit.

„Doch in der Konfrontation mit diesen Kunstformen können wir uns exemplarisch darüber bewusst werden, was es heißt, Freiheit auszuhalten."

NACHKLANG

ANSPANNUNG, AGGRESSION UND RUHE

In meinem Psychologie-Studium wurde die Frage nach dem menschlichen Ich nicht explizit gestellt. Die Frage, wer etwas erlebt, welche Instanz das Erlebte wahrnimmt und beurteilt und wer sich letztlich einer Erfahrung stellt, war nie wirklich Thema. In Bezug auf diese Fragen erging es mir letztlich wie dem Psychologen und Kommunikationswissenschaftler Friedemann Schulz von Thun: „Statt das Erlebte zu verstehen und auszudrücken, lernten wir, das Nicht-Erlebte altklug zu kommentieren."[18]

Michael Bockemühls Vorlesung widmet dem menschlichen Ich und seinen Erfahrungsmöglichkeiten hingegen viel Raum, was bereits im Titel anklingt: *Das Ich und die Farbe*. In meiner Auseinandersetzung mit den einzelnen Kunstwerken, die uns der Wahrnehmungsforscher hier vor Augen führt, habe ich vieles erleben dürfen, was mir neu und unbekannt war. Auch wenn es mir aufgrund der Schließung der Museen im Zuge des Lockdowns nicht möglich war, die Bilder im Original zu sehen, so staunte ich nicht schlecht, dass auch mit den Reproduktionen intensive Erlebnisse möglich wurden.

Bezüglich des Bildes *Untitled (Red, Orange)* schlägt Bockemühl vor, sich einmal 90 Minuten Zeit zu nehmen und nur dieses Bild anzuschauen (S. 34). Dieser Herausforderung habe ich mich gestellt. Nie zuvor habe ich ein Bild so lange angeschaut. Ich stellte mir einen Wecker und setzte mich vor die Reproduktion des Bildes, die bei mir an der Wand hing. Schon nach kürzester Zeit begann das Bild sich im Anschauen zu verändern und ich konnte etwas Ähnliches erleben wie die Besucher und Besucherinnen der Vorlesung von Bockemühl. Mal änderte sich das obere Farbfeld, wurde größer und tauchte das gesamte Bild in dieselbe Farbigkeit; mal war es die untere zinnoberrote Fläche, die sich ausdehnte und das obere Rot dominierte. Alles war in einem ständigen Wandel begriffen – wie auch meine Emotionen, die den Vorgang des Betrachtens in zunehmender Intensität begleiteten.

„Das Selbst, schrecklich und konstant, ist für mich der Gegenstand von Malerei und Skulptur.“ [19]

Barnett Newman

Anfangs war meine Begeisterung groß über diese Veränderungsfähigkeit des Bildes und ich beobachtete mit Interesse, wie sich die beiden roten Felder in ihrem Farbton annäherten und sich dann wieder sehr eindeutig voneinander zu differenzieren begannen. Ebenso der Spalt zwischen den Feldern: Erst war er sehr klar zu erkennen, doch bei längerer Betrachtung verschwand er und die beiden noch eben voneinander getrennten roten Felder verbanden sich zu einem Rot.

Auf meine Begeisterung folgte eine Art Aggressivität: Die Unfassbarkeit dieses Bildes war so übermannend und führte dazu, dass in mir die Frage aufkam: „Was bist du eigentlich?!“ Die wechselnden Qualitäten der Farben und Felder haben in mir eine solche Unruhe ausgelöst, dass ich beinahe die Übung abgebrochen habe. Doch als ich kurz davor war, folgte auf die Anspannung eine unerwartete Entspannung und Ruhe, die mir sogar die Möglichkeit eröffnete, die so schwer zu beschreibende Wandelbarkeit inner- wie außerhalb des Bildes zu genießen.

Auch Newmans Gemälde und Ad Reinhardts *Abstract Painting* brachten mich zu einer Grenze, von der ich zuvor nicht wusste, dass es sie überhaupt gibt. Sie ließen mich aufmerksam werden auf Anschauung, auf Prozesse wie die von Bockemühl beschriebene „Farbbildetendenz“ (S. 58).

Die Bearbeitung dieser Vorlesung vom Tonbandmitschnitt bis hin zum allmählichen Entstehen des Bandes über einige Metamorphosen hinweg und die mir bislang unbekannte Herangehensweise Bockemühls über das Sehen faszinieren mich. Ich fühle mich von ihm nicht belehrt, sondern an die Hand genommen und ermutigt, eigene Erfahrungen zu machen. Hier geht es nicht um „Rituale der Selbstentfremdung“ , wie sie Friedemann Schulz von Thun konstatierte, sondern um die Bannkraft einer Kunstform, die mich meinem Ich und seinen Möglichkeiten nähergebracht hat.

Paul Schönenberg

LEBENSDATEN

MARK ROTHKO

„Kunst ist für uns ein Abenteuer in einer unbekannten Welt, das nur von denjenigen erkundet werden kann, die bereit sind, das Risiko einzugehen.“[20]

1903
Markus Rotkovičs (lettisch: Marks Rotko) wird am 25. September als das jüngste von vier Kindern der Eltern Jacob und Anna Goldin im russischen Dwinsk (heute Daugavpils, Lettland) geboren.

1913
Er folgt, zusammen mit seiner Schwester und seiner Mutter, dem Vater und seinen Brüdern nach Portland, Oregon.

1925/26
Studium der Malerei bei dem kubistischen Künstler Max Weber an der Art Students League in New York.

1932
Heirat mit Edith Sachar.

1933
Erste Einzelausstellung mit Aquarellen und Zeichnungen im Museum of Art in Portland, Oregon.

1935
Rotkovičs gründet gemeinsam mit anderen Künstlern die unabhängige Künstlervereinigung *The Ten.*

1938
Er wird Staatsbürger der Vereinigten Staaten.

1940
Rotkovičs beginnt, sich *Mark Rothko* zu nennen.

1945
Scheidung von Edith Sachar. Heirat mit Mary Alice (Mell) Beistel.

1947–49
Rothko unterrichtet an der California School of Fine Arts in San Francisco Malerei und hält Vorlesungen über zeitgenössische Kunst.

1950
Reise nach Europa mit Aufenthalten in England, Frankreich und Italien.
Geburt der Tochter Kathy Lynn (Kate).

1951
Ernennung zum Professor, Abteilung Zeichnen, am Brooklyn College (bis Juni 1954 in dieser Stellung tätig).

1958
Rothko wird damit beauftragt, Wandgemälde für das Seagram Building in New York zu malen.

1963
Geburt des Sohnes Christopher Hall.

1966
Lehrtätigkeit an der University of California, Berkeley.

1968
Rothko leidet an einem Aneurysma (einer krankhaften Erweiterung der Aorta), dreiwöchiger Krankenhausaufenthalt. Es entsteht das Gemälde *Untitled (Red, Orange)*, S. 19.

1969
Rothko trennt sich von seiner Frau und zieht in sein Atelier. Beginn der Malerei von schwarz-grauen Gemälden.

1970
Rothko begeht am 25. Februar in seinem Atelier Selbstmord.

23 | Mark Rothko, 25. September 1960

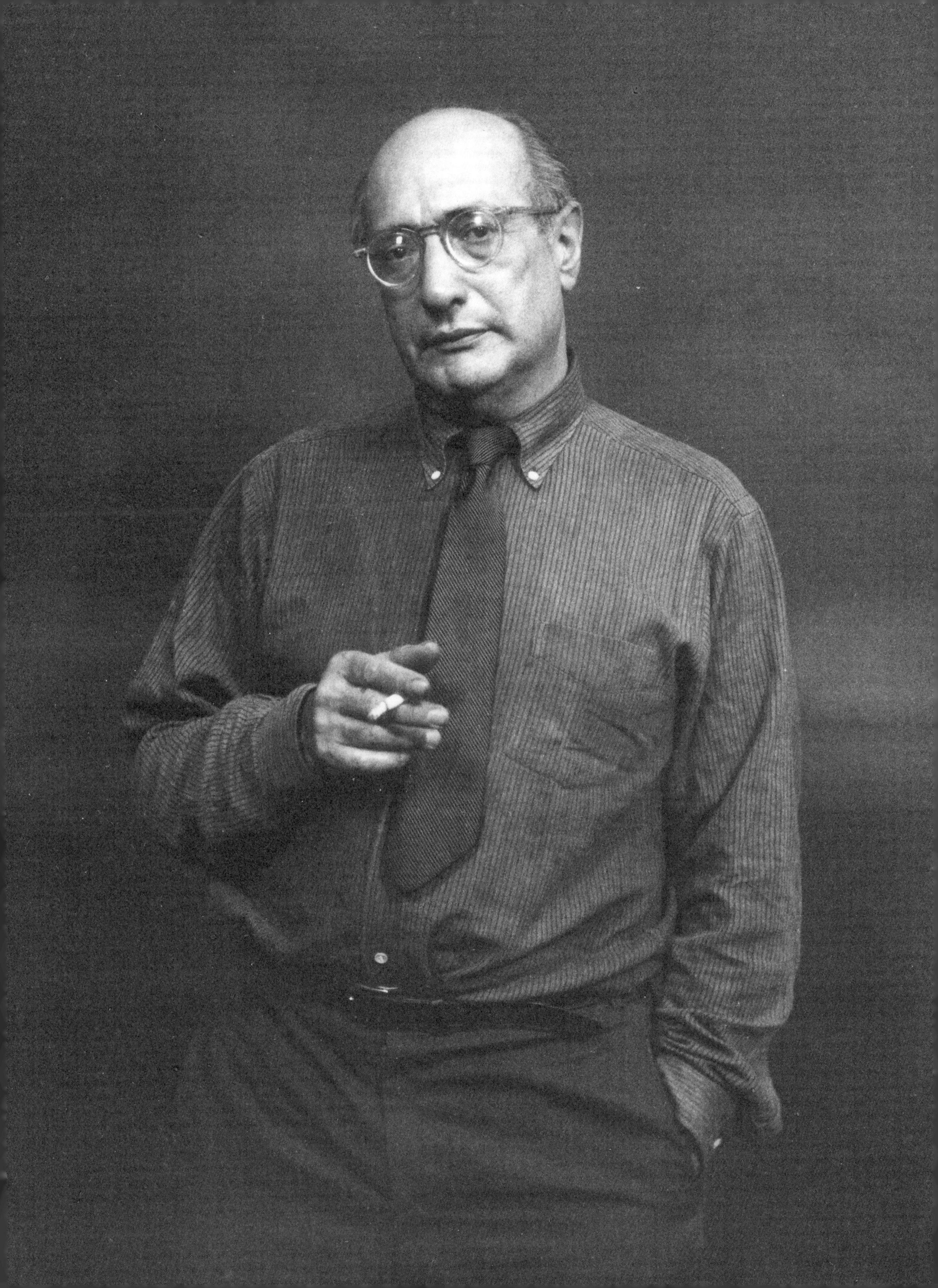

BARNETT NEWMAN

„Der gegenwärtige Maler befasst sich nicht mit seinen eigenen Gefühlen oder dem Geheimnis seiner eigenen Persönlichkeit, sondern mit dem Eindringen in das Weltgeheimnis." [21]

1905
Barnett (Baruch) Newman wird am 29. Januar in New York als Sohn polnisch-jüdischer Eltern (Anna und Abraham Newman) geboren, die aus dem russischen Teil Polens nach Amerika ausgewandert waren. Mit seinen Geschwistern wächst er in den Stadtteilen Manhattan und Bronx auf.

1919–1927
Schon zu seiner Schulzeit beginnt Newman sich für Kunst zu interessieren. Er tritt der Art Students League in New York bei und belegt später am City College Kunstklassen, obwohl er sich eigentlich für Philosophie eingeschrieben hatte.

1929–1939
arbeitet Newman aushilfsweise als Kunstlehrer an New Yorker High-Schools und hilft in der Bekleidungsfabrik seines Vaters mit, die beim Börsencrash 1929 Konkurs geht. Er betätigt sich kurzzeitig als Bürgermeister-Kandidat und Magazin-Herausgeber.

1936
Newman heiratet Annalee Greenhouse. Es scheint, als ob er jede künstlerische Betätigung aufgegeben hätte.

1939–1941
Newman studiert Naturgeschichte, Ornithologie und vorkolumbianische Kunst. Er schreibt Artikel für Museumskataloge, verfasst Kunstkritiken und organisiert verschiedene Ausstellungen.

1940–1943
Newman zerstört alle seine expressionistischen Gemälde.

1944
Newman beginnt wieder zu malen.

1948
publiziert Newman den Aufsatz *The Sublime is Now* und gründet gemeinsam mit Mark Rothko, William Baziotes, Robert Motherwell und David Hare eine Schule mit dem Namen *Subjects of the Artists.*

1950–1951
hat Newman seine ersten beiden Einzelausstellung bei Betty Parsons in New York. Aufgrund der niederschmetternden Kritiken zieht er sich bis 1958 zurück.

1962
Ab 1962 unterrichtet Newman an verschiedenen amerikanischen Universitäten und hält Vorträge.

1966
Newman stellt im New Yorker Solomon R. Guggenheim Museum aus, was ihn einem breiten Publikum bekannt macht.

1966 bis 1970
Es entstehen die Bilder *Who's afraid of Red, Yellow and Blue I, II* (S. 39), *III* (S. 42–43), *IV* (S. 46–47).

1970
Newman stirbt am 4. Juli an einem Herzinfarkt in New York.

24 I Barnett Newman, 19. April 1966

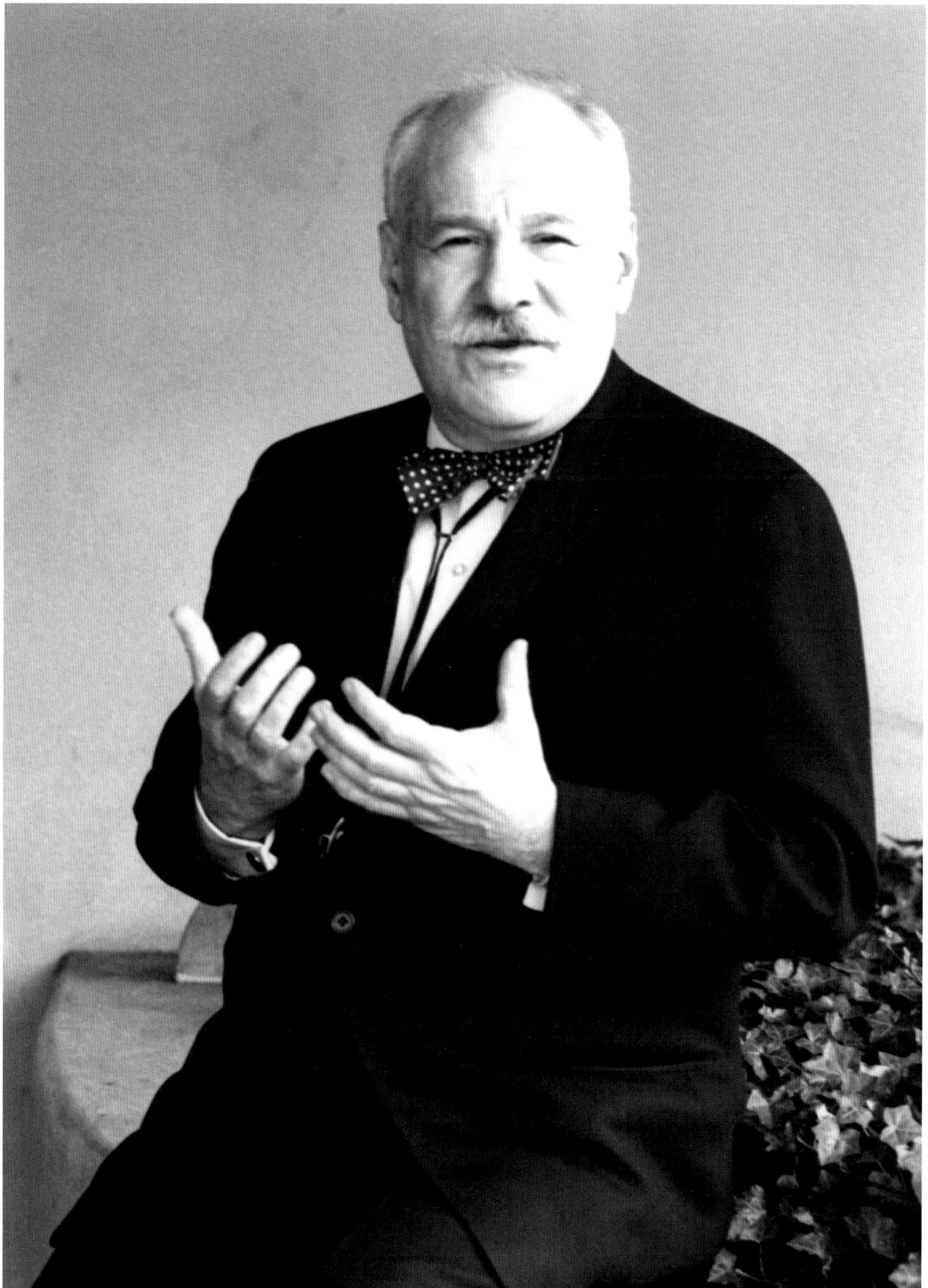

ADOLPH DIETRICH FRIEDRICH REINHARDT

„Was Sie sehen, ist nicht das, was Sie sehen. Was Sie sehen, ist nichts. Nichts als Formen, Linien, Farben. Was Sie sehen, ist, was in Ihrem Kopf ist.“ [22]

1913
Ad Reinhardt wird am 24. Dezember in Buffalo als Adolph Dietrich Friedrich Reinhardt geboren. Als Sohn deutsch-russischer Einwanderer wächst er in bescheidenen Verhältnissen auf.

1931
Studium der Kunstgeschichte an der Columbia University in New York bei Meyer Shapiro.

1936
Studium der Malerei bei Karl Andersson und John Martin an der National Academy of Design. Reinhardt beginnt als Designer und Illustrator für verschiedene Auftraggeber zu arbeiten und wird Teil der Gruppierung *American Abstract Artists.*

1938
bezieht Reinhardt ein Atelier in der 7th Avenue in New York. Er beginnt eine Reihe von Bildern in leuchtenden Farben zu malen. Erste Gruppenausstellung bei AAA (American Abstract Artists).

1939
stellt Reinhardt acht Bilder auf der Weltausstellung in New York aus.

1944/1945
Reinhardt wird zur Navy eingezogen.

1947
tritt Reinhard aus der Gruppierung der American Abstract Artists aus.

Ab 1953
dominieren die *Black Paintings*, die er als „Meditationstafeln“ verstand, das Schaffen des Künstlers.

1954
Tochter Anna wird geboren.

1961
Reinhardt reist in die Türkei, nach Syrien und Jordanien. Ausstellung im Städtischen Museum von Leverkusen und in der Arthur Tooth Gallery, London.

1963
Bei der Ausstellung *Americans ′63* im Museum of Modern Art muss das Publikum von den Bildern durch Seile ferngehalten werden.

1963
Das Gemälde *Abstract Painting* (S. 57) entsteht.

1967
Reinhardt erkrankt und muss im Krankenhaus behandelt werden. Im Juli begibt er sich auf eine Schiffsreise nach Rom zur Erholung.

Reinhardt stirbt am 31. August an den Folgen eines Herzinfarktes in seinem New Yorker Atelier.

25 I Ad Reinhardt, 11. Juni 1963

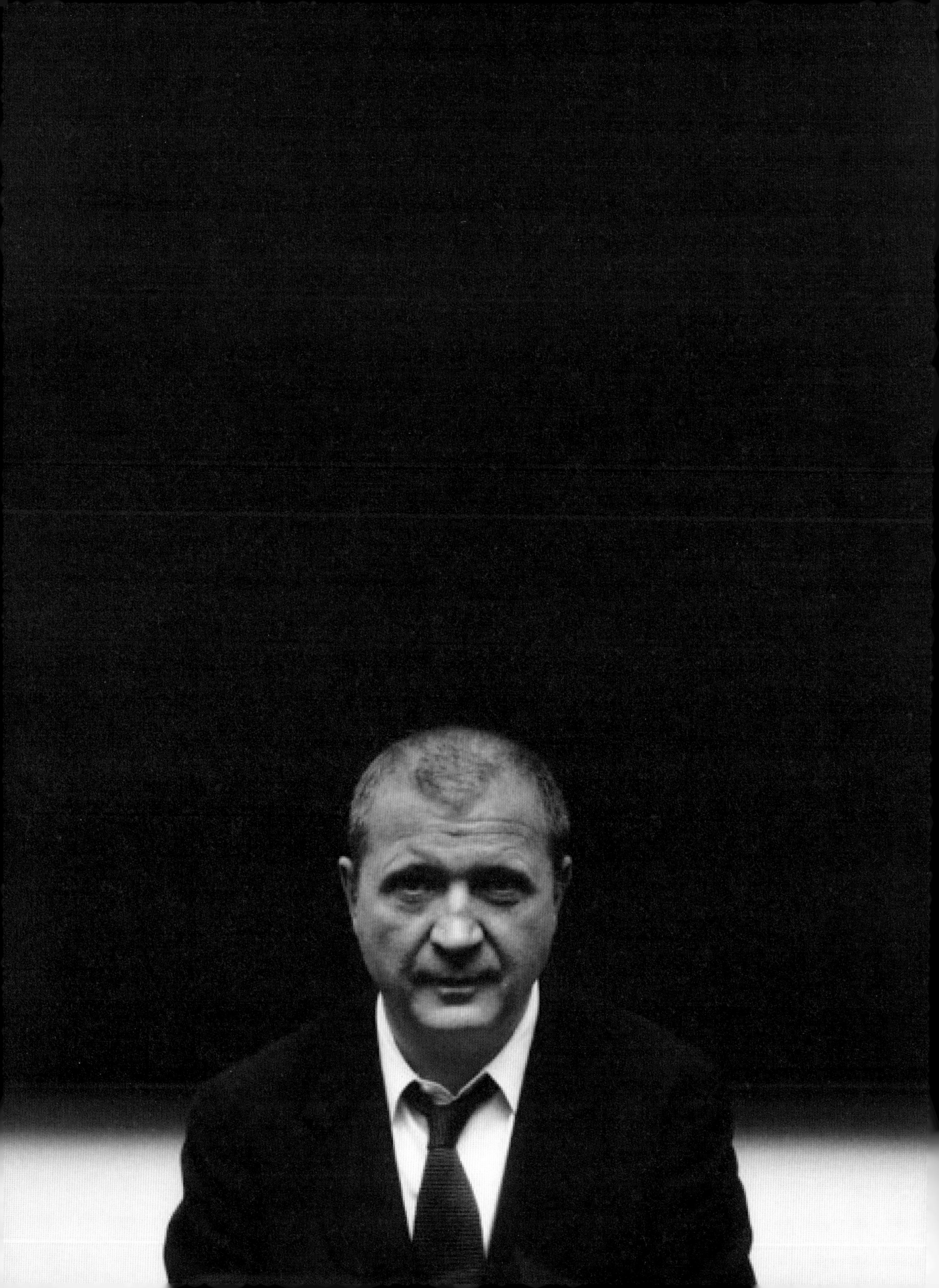

ANMERKUNGEN

1 Maurice Merleau-Ponty: *Das Auge und der Geist*, in: *Das Auge und der Geist. Philosophische Essays*, hrsg. und übers. von Hans Werner Arndt, Rowohlt Verlag Reinbek bei Hamburg 1967, S. 16.

2 Vgl. *Das sichtbare Unsichtbare, Bericht über die Vorlesung zu Joseph Beuys*, Sendung vom 17.11.1994, WDR Fernsehen. In einem anderen Beitrag mit dem Titel *Der Wittener Professor und die Kunst* wurden das große Interesse und der enorme Andrang mit den Worten umschrieben: „Ein Professor der privaten Universität Witten/Herdecke reißt mit seinen Ansichten die Massen in seinen Bann!" Vgl. Sendung vom 19.05.1993 im WDR Fernsehen.

3 Jana Eckey, Studentin der Philosophie und Kulturreflexion.

4 Im Gespräch mit David Hornemann v. Laer betonte Michael Bockemühl, dass dieser Vortragszyklus sein eigentliches Hauptwerk sei. Er habe nur noch keine Form gefunden, wie man solche Vorlesungen, die die Kunst möglichst für alle zugänglich machen möchten – unabhängig von Vorkenntnissen, Bildungsstand und Alter – adäquat veröffentlichen könne.

5 Michael Bockemühl, *Die Wirklichkeit des Bildes*, Urachhaus Verlag Stuttgart 1985, S. 180.

6 „Die abstrakte Kunst stellt neben die reale Welt (...) eine neue ‚Kunstwelt' (...), eine ebenso reale Welt, eine Konkrete" Wassily Kandinsky, *Essays über Kunst und Künstler*, Hrsg. v. Max Bill, Stuttgart 1955, S. 215.

7 Henri Matisse zit. n. Michael Bockemühl, KUNST SEHEN, Bd. 11, Salvador Dalí, Info3 Verlag, Frankfurt/Main 2020, S. 15.

8 Das Zitat lautet vollständig: „Ein Bild lebt von Kameradschaft, erweitert und beschleunigt sich in den Augen des sensiblen Betrachters. Es stirbt aus dem gleichen Grund. Es ist daher eine riskante und gefühllose Handlung, es in die Welt hinauszuschicken. Wie oft muss es durch die Augen des Vulgären und die Grausamkeit des Impotenten, der das Leiden allgemein ausdehnen würde, dauerhaft beeinträchtigt werden!" Mark Rothko, zit. n. https://de.qaz.wiki/wiki/Mark_Rothko (zuletzt abgerufen: 22.11.2020).

9 „The sublime is now. The image we produce is the self evident one of revelation, real and concrete, that can be understood by anyone who will look at it without the nostalgic glasses of history." zit. n. https://en.wikiquote.org/wiki/Talk:Barnett_Newman (zuletzt abgerufen: 22.11.2020, Übers.: D. Hornemann v. Laer).

10 Vgl. Michael Bockemühl, KUNST SEHEN, Bd. 9, Piet Mondrian, Info3 Verlag, Frankfurt/M. 2019, S. 70 ff.

11 Vgl. Goethes Farbenlehre: Sechste Abteilung, SINNLICH-SITTLICHE WIRKUNG DER FARBE, z. n. https://merke.ch/goethe/farbenlehre/sechste-abteilung-sinnlich-sittliche-wirkung-der-farbe/ (zuletzt abgerufen: 22.11.2020).

12 „I hope that my painting has the impact of giving someone, as it did me, the feeling of his own totality, of his own separateness, of his own individuality." Zit. n. David Silvester, *Interviews with American Artists*, Yale University Press, S. 40 (Übers.: D. Hornemann v. Laer).

13 Georg Wilhelm Friedrich Hegel, *Die Wissenschaft der Logik*, hrsg. von Eva Moldenhauer und Karl Markus Michel, Frankfurt/M., Suhrkamp, 1979, S. 139.

14 Barnett Newman zit. n. John O'Neill (Hg.), *Barnett Newman. Schriften und Interviews 1925–1970*. Aus dem Amerikanischen von Tarcisius Schelbert. Bern/Berlin 1996, S. 180.

15 Ad Reinhardt, in: *How to look at Things*, PM, 7. Juli 1946, zit. n. Lucy R. Pippard, Ad Reinhardt, Klett-Cotta Stuttgart 1984, S. 139.

16 Ad Reinhardt in seinem Eingangs-Statement während einer simultanen Telefondiskussion am 16.8.1967. Vgl. Thomas Kellein (Hg.), *Ad Reinhardt. Schriften und Gespräche*, Verlag Silke Schreiber, München 1984, S. 225.

17 „An abstract painting will react to you if you react to it." Ad Reinhardt, in: David Zwirner, *How to Look. Ad Reinhardt. Art Comics*, Hatje Cantz, Berlin 2013, S. 13 (Übers.: D. Hornemann v. Laer). Das Zitat lautet vollständig: siehe Abb. 25.

18 Friedemann Schulz von Thun, *Miteinander reden 1. Störungen und Klärungen*, Rowohlt Taschenbuch Verlag GmbH, Reinbek bei Hamburg 1981, S. 11.

19 „The self, terrible and constant, is for me the subject matter of painting and sculpture." B. Newman zit. n.: *Barnett Newman, Selected Writings and Interviews*, University of California Press 1992, S. 187 (Übers.: D. Hornemann v. Laer).

20 „To us art is an adventure into an unknown world, which can be explored only by those willing to take the risk." Mark Rothko und Adolph Gottlieb in ihrem gemeinsam verfassten Manifesto, New York Times, 13. Juni 1943, in: Stella Paul (1999), *Twentieth-Century Art at the Metropolitan Museum of Art*, S. 159 (Übers.: D. Hornemann v. Laer).

21 „The present painter is concerned not with his own feelings or with the mystery of his own personality but with the penetration into the world mystery." Barnett Newman, in: *The Plasmic Image 1943 – 1945*; zit.n.: *Abstract Expressionism: Creators and Critics*, ed. Clifford Ross, Abrahams Publishers, New York 1990, S. 124 (Übers.: D. Hornemann v. Laer).

22 „What you see is not what you see. What you see is nothing. Nothing but shapes, lines, colors. What you see is whats in your mind." Ad Reinhardt, in: *Ad Reinhardts Papers*, Archives of American Art, microfilm no. N/69-103, frame no. 268 (Übers.: D. Hornemann v. Laer).

VERZEICHNIS DER WERKE UND BILDNACHWEISE

1 I Michael Bockemühl bei der Betrachtung eines Bildes von Günter Umberg (**Ohne Titel**, 1997, Pigment, Dammar auf Holz, 38 x 35 cm) in der Zentrale von Droege & Comp., © Christian Nielinger 2003, Essen, S. 12.

2 I Ad Reinhardt, Ausschnitt aus: **How to Look at Modern Art**, 1946, in: David Zwirner, How to Look. Ad Reinhardt. Art Comics, Hatje Cantz, Berlin 2013, S. 13.

3 I Mark Rothko vor einem seiner monumentalen Bilder, um 1960, Foto: Kate Rothko Prizel © PVDE / Bridgeman Images/ Kate Rothko-Prizel & Christopher Rothko/VG Bild-Kunst Bonn 2021,S. 15.

4 I Mark Rothko, **Selbstbildnis**, 1936, Öl auf Leinwand, 81,9 × 65,4 cm, National Gallery of Art, Washington, © Fine Art Images / Bridgeman Images/ Kate Rothko-Prizel & Christopher Rothko/VG Bild-Kunst Bonn 2021, S. 17.

5 I Mark Rothko, **Untitled (Red, Orange)**, 1968, Öl auf Leinwand, 233 x 176 cm, Fondation Beyeler, Riehen/Basel, Sammlung Beyeler, Foto: Robert Bayer/ Fondation Beyeler, © 2016 Kate Rothko-Prizel & Christopher Rothko/VG Bild-Kunst Bonn 2021, S. 19, 21, 23-29, 31, 62

6 I Mark Rothko, **Untitled (Red, Orange)**, 1968, Installationsansicht „Stilles Sehen – Bilder der Ruhe", Fondation Beyeler, Riehen/ Basel, 2020, Foto: Mark Niedermann, © 1998 Kate Rothko Prizel & Christopher Rothko/ VG Bild-Kunst Bonn 2021, S. 21.

7 I Person mit roter Jacke auf Rücklehne einer Bank sitzend, Küste bei Hove, East Sussex, England, 4.4.2019, © mauritius images / Peter Lane / Alamy, S. 32.

8 I Leon Jean Petua, **Vater Stiefel**, 1892, Öl auf Leinwand, 40,5 x 30 cm, Zürich, Galerie Koller © ARTOTHEK, S. 33.

9 I Maria Netter (1917-1982), **Porträt Barnett Newman in der Wohnung von Arnold Rüdlinger**, Basel. 28.5.1964, Fotografie © Maria Netter, SIK-ISEA, Courtesy Fotostiftung Schweiz, S. 35.

10 I Larry Rivers, Studie für **The Stripe is in the Eye of the Beholder – Porträt von Barnett Newman**, 1975, graphite, charcoal, coloured wax crayon and cellophane tape on two attached sheets, 175,2 x 218,4 cm, Private Collection, © Christie's Images / Bridgeman Images, S. 36–37.

11 I Barnett Newman, **Wer hat Angst vor Rot, Gelb und Blau II (Who's Afraid of Red, Yellow and Blue II)**, 1967, Acryl auf Leinwand, 304,8cm x 259,1 cm, Staatsgalerie Stuttgart, © bpk / Staatsgalerie Stuttgart © Barnett Newman Foundation/ VG Bild-Kunst Bonn 2021, S. 39, 40.

12 I Philip Taaffe, **Wir haben keine Angst (We are not afraid)**, 1985, Mixed media on canvas, 305 x 259 cm, Privatsammlung, Foto: Raymond Foye, New York © Courtesy Jablonka Galerie, Köln, S. 41.

13 I Barnett Newman, **Wer hat Angst vor Rot, Gelb und Blau III (Who's Afraid of Red, Yellow and Blue III)**, 1967/68, Öl auf Leinwand, 243,8 cm x 543,6 cm, Stedelijk Museum, Amsterdam. © akg-images / WHA / World History Archive / VG Bild-Kunst Bonn 2021, S. 42–43, 63.

14 I Barnett Newman, **Wer hat Angst vor Rot, Gelb und Blau III** mit Betrachter im Stedelijk Museum, Amsterdam, www.flickr.com/photos/elsa11/16051978980/in/photolist-2j1XKpP-qdhrXY-pkPXWw-qssA7h-P85hjf-nLYb6b-2iu1NkR-2iu4wBt-2iPcAzK-ovSpoV-rdThV6-2iu1NaR-2iu1Nib-pes9Q9-dDA18s-e9thww-dMpv29-iK91TM-rWSMc4-2fAV3B9-C6YMrf-dfRk7P-FUCHg2-nLFyaR-BmhoQX-dWW8uT-nLFEFC-o44qAW-9FJJJx-JGWYWx-2iu1Nrc-BPh8WQ-BYSA6K-iNw4mF-o4b7Ca-AXhnJw-LCgiPV-nCEwLs-CdeqpE-pEHrcX-pcfYM9-nLFEAY-Tr3BtG-y8d-dZj-uLAKzx-24tRDSZ-2i6WJS7-s1eghZ-x1jFuD (zuletzt abgerufen am 15.2.2021) © Barnett Newman Foundation/VG Bild-Kunst Bonn 2021, S. 44

15 I Barnett Newman, **Wer hat Angst vor Rot, Gelb und Blau IV (Who's Afraid of Red, Yellow and Blue IV)**, 1969/70, Öl auf Leinwand, 274 x 603 cm, © bpk, Berlin/ Nationalgalerie, Staatliche Museen/ Joerg P. Anders/ Art Resource, NY, Barnett Newman Foundation/ VG Bild-Kunst Bonn 2021, S. 46–47.

16 I Barnett Newman, **Wer hat Angst vor Rot, Gelb und Blau IV** mit Betrachterin, Nationalgalerie Berlin, © picture alliance / dpa | Stephanie Pilick, 06.11.2013, Barnett Newman Foundation/VG Bild-Kunst Bonn 2021, S. 49

17 I Caspar David Friedrich, **Der Mönch am Meer**, 1808 – 1810, Öl auf Leinwand, 171,5 x 110,0 cm, – Alte Nationalgalerie, Staatliche Museen zu Berlin, www.artsandculture.google.com/asset/monk-by-the-sea-caspar-david-friedrich/KwEv_TMiJhn5kA?hl=de (zuletzt abgerufen: 27.01.2021), S. 50-51.

18 I Ad Reinhardt bei der Arbeit, 1. Januar 1966, Foto: John Loengard/The LIFE Picture Collection via Getty Images, © VG Bild-Kunst Bonn 2021, S. 53.

19 I Ad Reinhardt vor einem seiner Black Paintings in seinem New Yorker Atelier, 1. Juli 1966, Foto: John Loengard/The LIFE Picture Collection via Getty Images, S. 54–55.

20 I Ad Reinhardt, **Abstraktes Gemälde**, 1961, Öl auf Leinwand, 157,5 x 157,5 cm, Städel Museum Frankfurt a.M. (seit 2013 Dauerleihgabe der Adolf-Luther-Stiftung), © Städel Museum, Frankfurt am Main – ARTOTHEK/ VG Bild-Kunst Bonn 2021, S. 57, 63.

21 I Ad Reinhardt, **Abstraktes Gemälde**, 1961 (Ausschnitt), S. 59.

22 I Betrachterin vor Ad Reinhardts Abstraktem Gemälde, Josef Albers Museum Quadrat, Bottrop © dpa 2010/ VG Bild-Kunst Bonn 2021, S.60.

23 I Mark Rothko an seinem Geburtstag am 25. September 1960, Foto: Regina Bogat, New York, © Regina Bogat, VG Bild-Kunst Bonn 2021, S. 67

24 I Barnett Newman im Guggenheimmuseum in New York am 19. April 1966, Foto: David Gahr, © The Estate of David Gahr via Getty Images, S. 69.

25 I Ad Reinhardt in der Pariser Galerie Iris Clert, 11. Juni 1963, Foto: Harry Shunk/ János Kender, © J. Paul Getty Trust, Getty Research Institute, Los Angeles (2014.R.20)/ VG Bild-Kunst Bonn 2021, S. 71

DANK

Dass diese vor über 25 Jahren begonnene und glücklicherweise auf Tonband aufgezeichnete Vortragsreihe nun endlich in Buchform erscheinen kann, verdankt sich der Mitarbeit vieler Menschen.

Die Aufzeichnungen auf den Tonbändern wurden von Sandra Schwarz verschriftlicht. Natalie Rehm brachte die Texte in eine erste Form und suchte die Dias zu den Vorträgen zusammen. Schließlich gab es zahlreiche Studierende, die sich seit 2014 im Rahmen von Seminaren, die von David Hornemann v. Laer geleitet wurden, in unterschiedlicher Besetzung um eine vorsichtige Überarbeitung der Vorträge kümmerten, welche den Stil der frei gehaltenen Vorträge beibehielt und sie gleichwohl auch lesbar machten.

An dem Zustandekommen dieses Projekts waren bisher beteiligt:
Tanja Adam-Heusler, Meike Adden, Joseph Bailey, Elena Ball, Luise Baumeister-Lingens, Lea Bengel, Franziska Behrens, Laura Bickel, Malte Bischoff, Geraint Black, Leandra Börner-Valdez, Antonia Bonn, Malte Braun, Demian Buchner, Elisabeth Capellmann, Eda Ciftci, Julius Daniel, Anna Deffner, Philipp Doose, Jana Eckey, Lara-Luna Ehrenschneider, Manischa Eichwalder, Noa Fischer, Isabel Gadea, Caroline Geck, Max Geuer, Paul Geilenberg, Andreas Grießer, Isabel Gudd, Julia Hansel, Antonia Heinrich, Ronja Hellebrandt, Hannah Heukeroth, Börries Hornemann, Gabriel Hornemann, Laura Jacobson, Sinja Jessberger, Florian Kämpf, Jannis Keuerleber, Jennifer Klack, Melanie Laskowski, Clara Laufenberg, Dominik Lauinger, Vittoria Lenz, Valerie Liebers, Katharina Lilienthal, Rose Link, Luca Löhr, Foo Low, Patrizia Marioli, Laura Marschallek, Miranda Kiefer, Jonas Klingberg, Mathilda Knoblauch, Anna Ko, Julian Kramp, Andrea Kreisel, Johanna Lamprecht, Helias Mackay, Nura Mahmalat, Johanna Mayrshofer, Nikolas Middelmann, Tobias Möller-Hahlbrock, Lorenz Mrohs, Julia Muhsal, Matthias Niedermann, Deborah Oppermann, Martin Pawelkiwitz, Christian Petersen, Laurenz Pfaff, Matthias Pfrogner, Anselm Prechtl, Constantin Reuter, Joyce Rieck, David Richardoz, Lydia Roknic, Carla Scherf, Paul Schönenberg, Felix Schramm, Verena Schusser, Josephine Schütt, Amelie Scupin, Inga Seefeld, Flora Seibel, Laura Sieber, Sarah Sock, Reinhold Spratte, Carlotta Süring, Rahel Steffen, Rachel Steinmetz, Matthias Tamm, Carla Tenthoff, Christine Teuchert, Olaf Tittel, Philine Töpper, Friedemann Uhl, Richard Ulrich, Nikolas von Kameke, Pauline Warneboldt, Anna-Lena Weidemann, Christiane Weinberg, Shaya Werner, Clara Wicharz, Jette Wolf, Klara Zepp, Mara Zöller.

Die Buchreihe verdankt ihre das Kunstwerk ins Zentrum rückende Gestaltung dem Grafiker Frank Schubert. Birgit Bockemühl stand uns mit Rat und Tat zur Seite und war insbesondere bei der Klärung schwieriger Textstellen und deren Umformulierung eine unschätzbare Hilfe.

Silke Kirch sei Dank für ihre vielen hilfreichen Anmerkungen, die zu einer wesentlichen Verbesserung des Textes geführt haben, sowie ihr aufmerksames Lektorat und Christoph Steinrücken für das umsichtige Marketing. Nicht zuletzt sei den Verlagsleitern Jens Heisterkamp und Ramon Brüll für ihre Unterstützung und ihren Glauben an dieses herausfordernde Projekt gedankt.

Zudem danken wir den im Folgenden genannten Förderern, die uns unterstützt und die Drucklegung dieses Bandes möglich gemacht haben.

universität Witten/Herdecke

wittener universitätsgesellschaft

GLS Treuhand

IBAM
Integriertes Begleitstudium
Anthroposophische Medizin
Universität Witten/Herdecke

Werner Richard-
Dr. Carl Dörken
Stiftung

KUNST SEHEN Die Edition

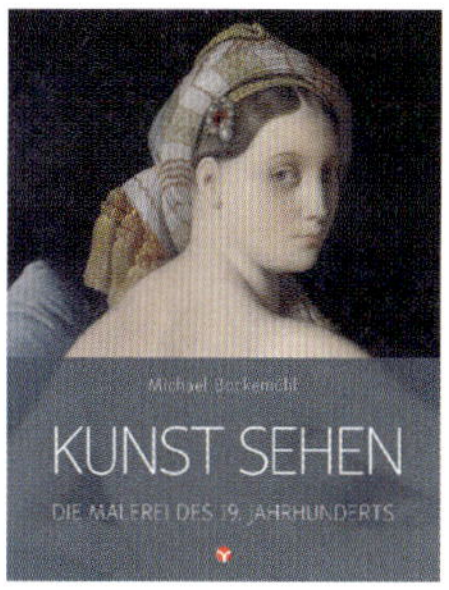

Band 1
Malerei des
19. Jahrhunderts

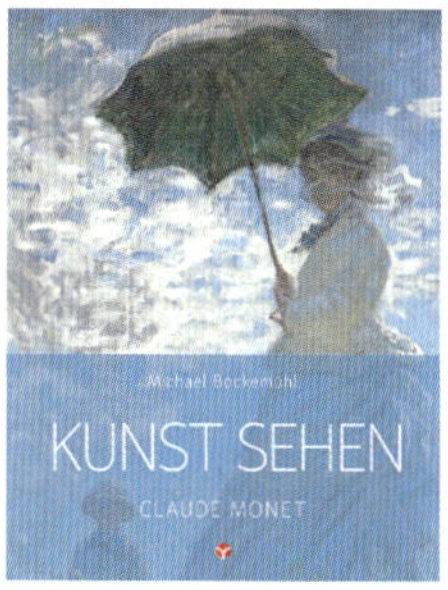

Band 2
Claude Monet

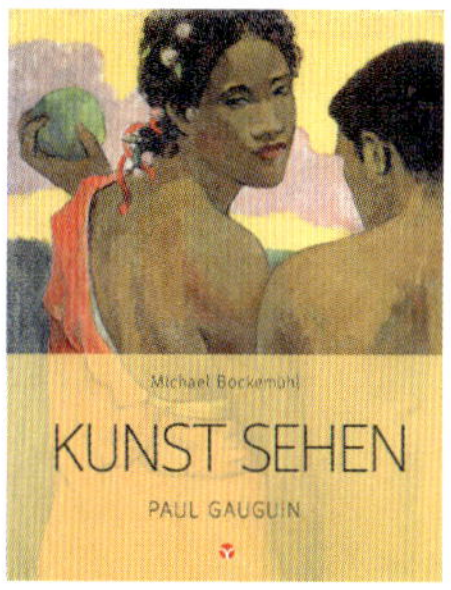

Band 3
Paul Gauguin

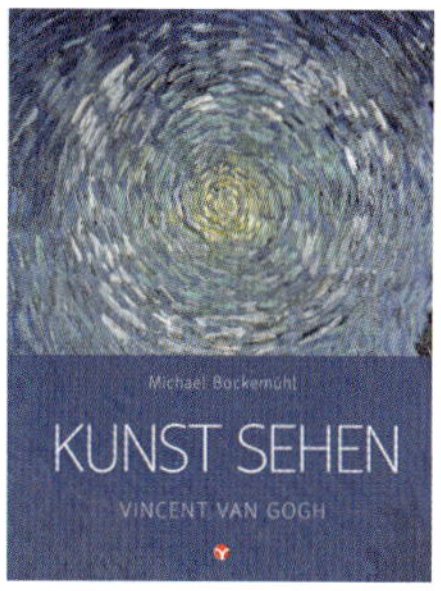

Band 4
Van Gogh

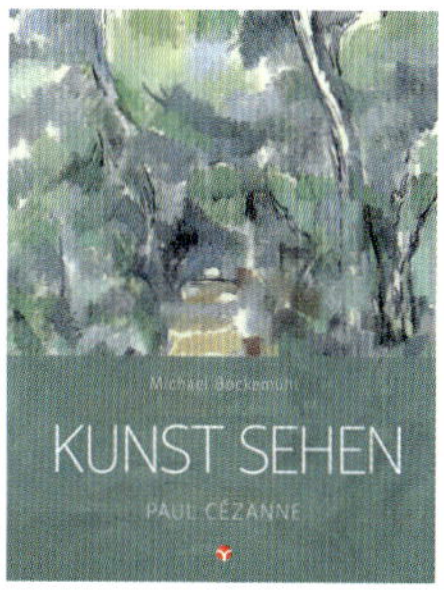

Band 5
Paul Cézanne

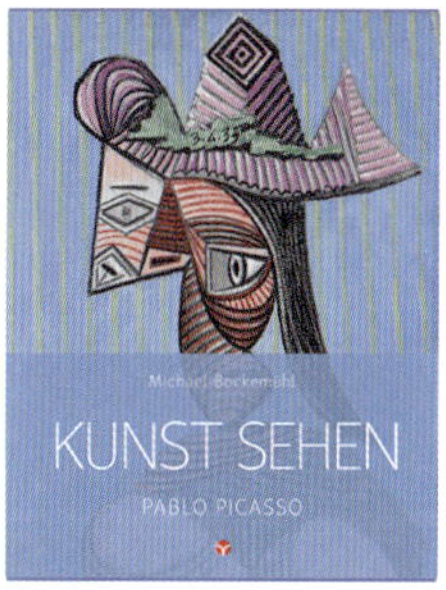

Band 6
Pablo Picasso

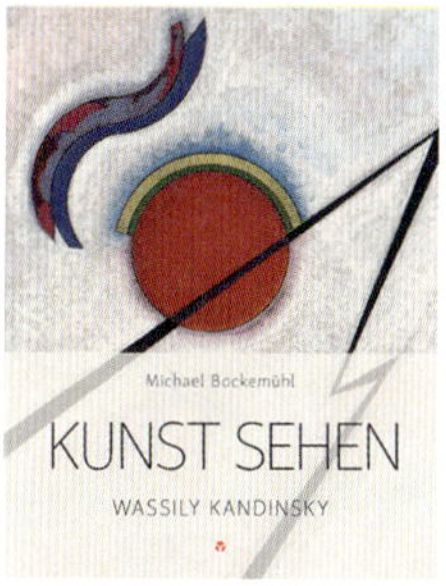

Band 7
Wassily Kandinsky

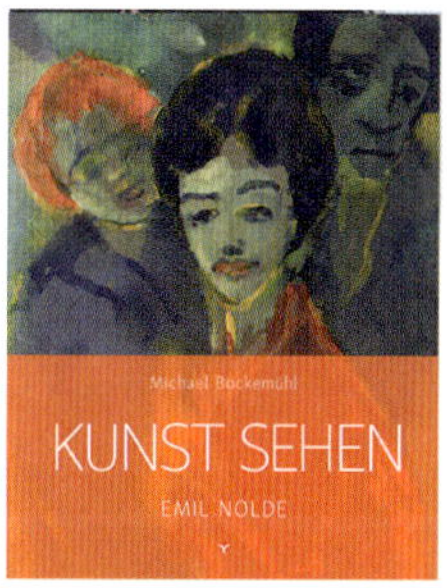

Band 8
Emil Nolde

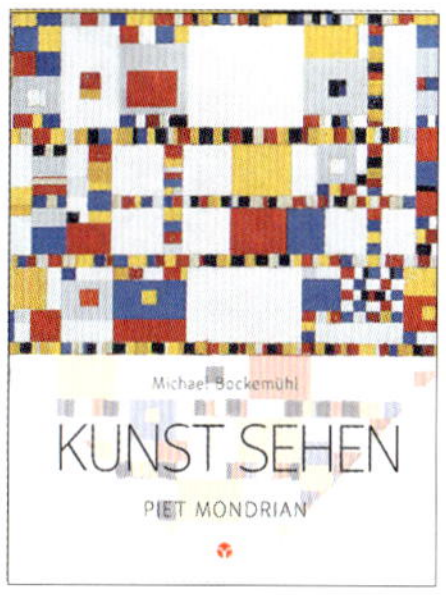

Band 9
Piet Mondrian

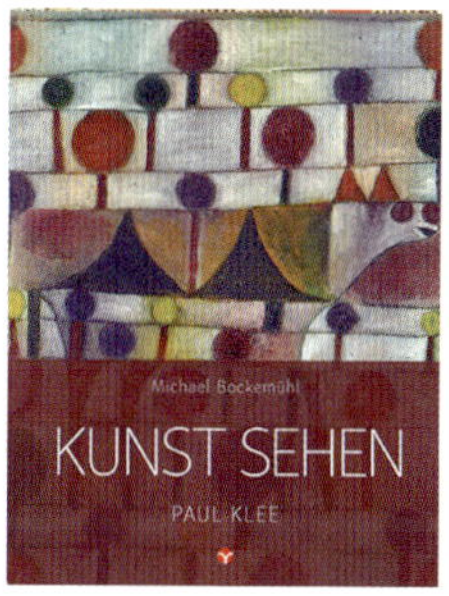

Band 10
Paul Klee

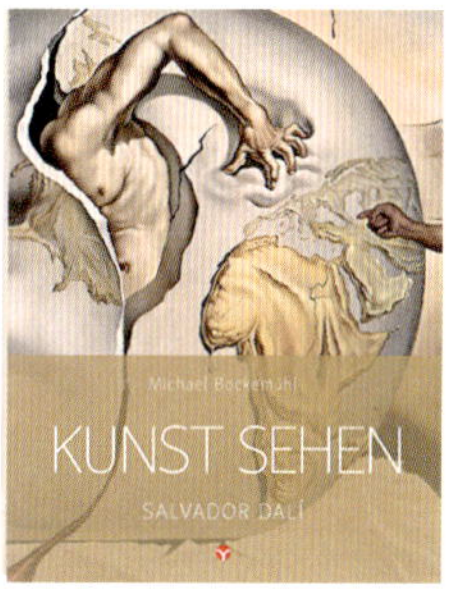

Band 11
Salvador Dalí

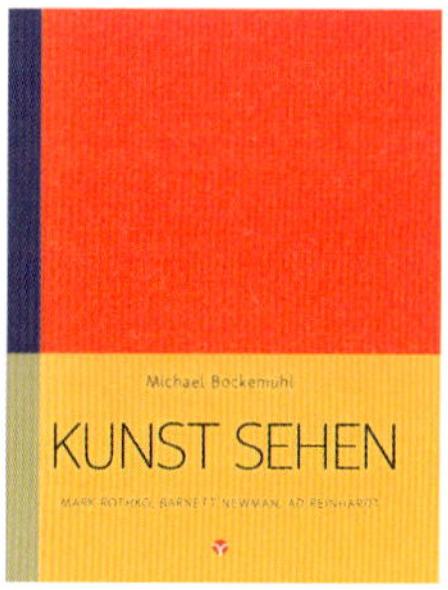

Band 12
Ad Reinhardt,
Mark Rothko,
Barnett Newman

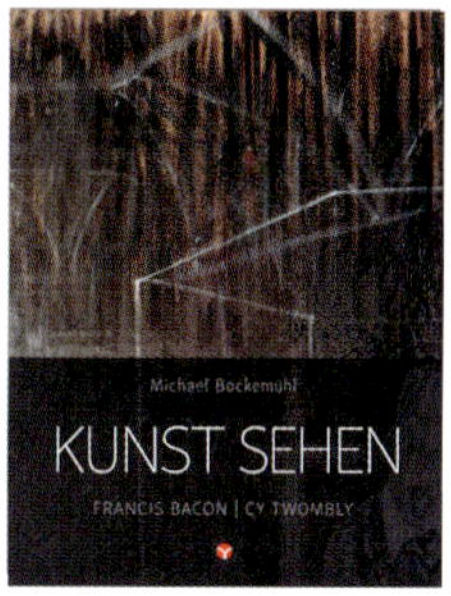

Band 13
Francis Bacon /
Cy Twombly

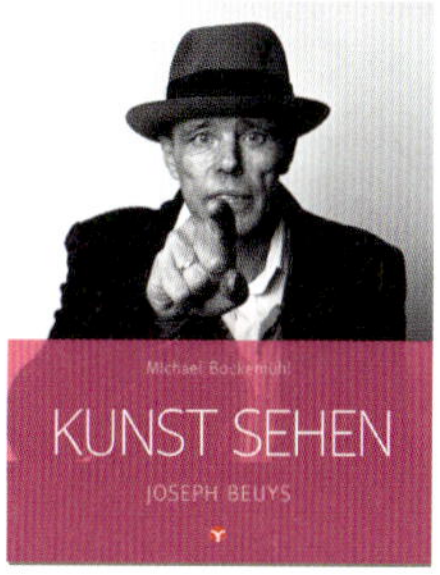

Band 14
Joseph Beuys

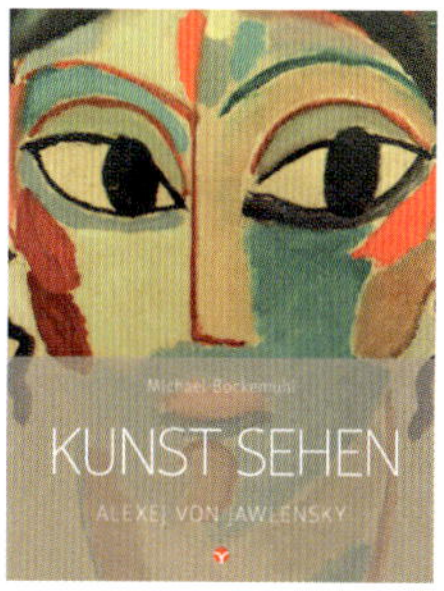

Band 15
Alexej von Jawlensky

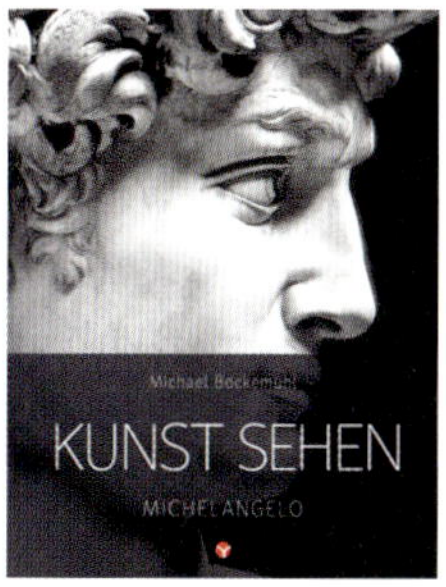

Band 16
Michelangelo

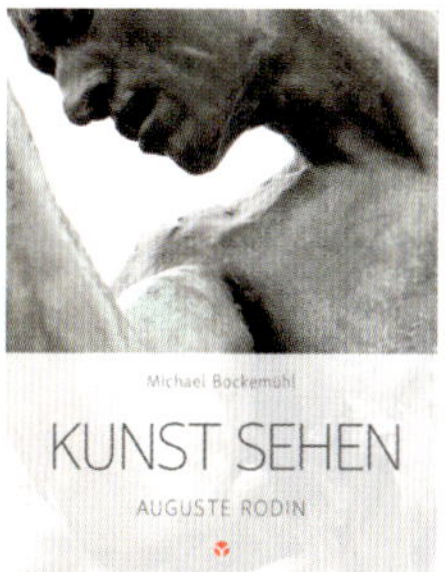

Band 17
Auguste Rodin

Band 18
Hans Arp

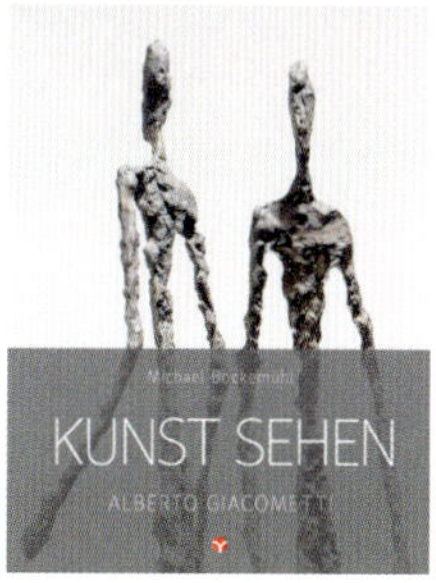

Band 19
Alberto Giacometti

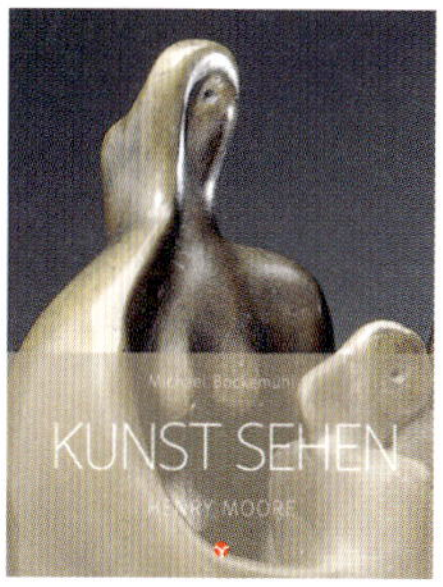

Band 20
Henry Moore

Voraussichtlicher Abschluss der Edition: 2023
Einzelbände für € 16,80
Im Abonnement für € 14,80
Infos unter:
www.info3.de/kunst-sehen
www.kunst-sehen.info

INFO3 VERLAG

IMPRESSUM

Bibliographische Information der Deutschen Nationalbibliothek:
Die Deutsche Nationalbibliothek verzeichnet diese Publikation in der Deutschen Nationalbibliographie; detaillierte bibliographische Daten sind im Internet über http://dnb.ddb.de abrufbar.

ISBN 978-3-95779-074-3

Erste Auflage 2021

Typographie, Satz und Umschlag:
Frank Schubert, Frankfurt am Main

Druck und Bindung: Dilling Printmedien, Kreuztal

INFO3 VERLAG

Kirchgartenstr. 1, 60439 Frankfurt
Tel. 069-57 000 892, Fax +49-69-58 46 16
vertrieb@info3.de

WWW.INFO3.DE

HERAUSGEBER:
Dr. David Hornemann v. Laer
Zentrum Studium fundamentale (AT)
Universität Witten/Herdecke
Alfred-Herrhausen-Str. 50, 58448 Witten
eMail: david.hornemannvonlaer@uni-wh.de
www.kunst-sehen.info